豐子愷写梵高

VINCENT VAN GOGH

丰子恺 编著

上海译文出版社

目录 / contents

序

十九世纪以前，西洋画风与东洋画风完全异趣，一向有不可超越的鸿沟。自十九世纪末叶以降，西洋画忽蒙东洋画的影响，东西洋美术渐呈综合的状态。这不但是绘画上的一种变迁，在欧洲现代艺术思潮上、世界文化研究上，一定也是一个很可注目的问题。

欧洲现代绘画的元祖是塞尚（Paul Cézanne）[①]。塞尚的艺术观是“万物因我的存在而诞生”。塞尚的作画态度，落笔不改，一气呵成。这是对于以往西洋的写实派、印象派等客观主义的艺术的革命，又是西洋画中采入东洋画的主观趣味的初步。这种画风到了梵高（Vincent Van Gogh）[②]的艺术时期更加明显，线条的飞舞、色彩的鲜明、表现法的单纯，显然是西洋画的东洋画化了。梵高的画室中陈列着日本的版画，及中国的墨画。他原是东洋艺术的爱好者。

自从塞尚与梵高等始创了这种画风之后，现代的西洋画家大家舍弃从前的冰冷死板的描写法，而加入他们的主观艺术的运动了。故现代西洋的画坛，大概可说是塞尚、梵高的延长。

艺术倾向客观的时候，艺术家的人与其作品关系较少。反之，艺术注重主观表现的时候，作品与人就有密切的关系，作品就是其人生的反映了。在作品中，我欢喜神韵的后者，而不欢喜机械的前者；在人中，我也赞仰以艺术为生活的后者，而不赞仰匠人气的前者。梵高的全生涯没入在艺术中，他的各时代的作品完全就是各时代的生活的记录，在以艺术为生活的艺术家中，也可说是一个极端的例子。东洋画家素尚人品，“人品既高，气韵不得不高”，故“画中可见君子小人”，在这点上，梵高也是一个东洋流的画家。

一九二九年三月记于石湾

① 塞尚（Paul Cézanne，1839—1906）：法国后印象主义画派画家。

② 梵高（Vincent Willem van Gogh，1853—1890）：全名文森特·威廉·梵高，原译“谷诃”。

* 此书所用参考书为黑田重太郎著《梵高传》。——编者

第一章 序曲

Vincent Willem van Gogh

古来艺术家有两种类型：其一，纯粹是一个“艺术家”或“技术家”。我们鉴赏他的艺术的时候，只要看他的作品，不必晓得他的人格如何与生活如何。其二，不仅是一个艺术家或技术家而是一个“人”。我们要理解他的作品，先须理解他的性格与生活。不能离开了其“人生”而仅看其“作品”。

就近代画家中找求最适当的实例，前者是印象派画家莫奈（Claude Monet）[①]，后者便是后期印象派画家梵高。这两种艺术家孰是孰非，孰优孰劣，不是现在的主要问题。现在所要表明者，梵高的作品，都是其热狂的人生中的苦恼、忧愁、愤激、铭感、欢喜、活悦的发现，都是热血所染成的“人生记录”。换言之，在梵高看来，“生活是其作品的说明文”。

梵高死于距今三十年前[②]。生前无人理解他的作品，世间只当他是一个自己用剃头刀割脱耳朵的狂人；死后不久却受到全世界的认识与追崇。到了死后三十年的今日，其作品的复制品已遍播于亚东各地，早为日本人所珍惜，现又渐为中国人所

---

① 莫奈（Claude Monet，1840—1926）：原译“莫南”。法国画家，印象派代表人物。

② 梵高逝世于一八九〇年，本书编写时间约一九二九年。

《自画像》| 梵高 | 1889 年 9 月 | 圣雷米

注目了。世界艺坛的进步，真是快速的啊！“梵高的生活是其作品的说明文”，“我们不能离开了其人生而仅看其作品”，所以记叙梵高的生活，其功德与普通的作传记或述逸事略有不同。这不仅是独立的一篇传记或逸话。他的行为都同他的绘画有深切的关系，他的“生活日记”完全等于他的“作画日记”。

在叙述这热狂的画家的奇离的生活情状之前，先要给他的人生描写一个大体的“轮廓”，作为这“人生剧”的开幕前“序曲”。

在十九世纪后期“科学万能”的呼声中，欧洲艺坛上也弥漫了现实主义的精神。艺术家的头脑都被冷静化，艺术品都被客观化了。画界中这倾向更为显著：印象派画家似乎只有一双眼睛而没有头脑，只知照样描写眼前的形状、光线与色彩，而没有一点热情的表现。甚至但求外形的写实，而不问所描写的是何物。莫奈把稻草堆的光线色彩的变化反复描写了十五遍，西涅克（Signac）[①] 用点彩的画法，像组纸细工一般地用色彩的圆点来缀成景物的形状，他们被更名为“新印象派”。

---

① 西涅克（Paul Signac，1863—1935）：法国画家，曾和修拉发明点彩派技术，新印象派代表人物。

《正午的草垛》｜莫奈｜1890年

《马赛港景观》｜西涅克｜1909年

然而这绝不是可以使现代人满足的艺术！这仅是冷冰冰的一片客观，全无一点可以动人的热情。他们的画法，只是客观的模仿，不是主观的创作；只是自然的再现，不是艺术的表现。极言之，他们的作品是“感觉的数学”，是“色彩的游戏”。

库尔贝（Courbet）[①]以来的自然主义的绘画，一时适合了现实主义时代的人们的胃口。然而这终究是一时的流行，仅足以救济前时代的浪漫主义的空虚而已。印象派竟走入了自然主义的彻底的地步，西涅克的色彩的游戏，是自然主义的山穷水

《画室》| 库尔贝

① 库尔贝（Gustave Courbet，1819—1877）：原译“柯裴”。法国画家，写实主义代表人物，主张艺术应以现实为依据，反对粉饰生活。

尽了。

于是世间对于这等冷冰冰的客观记录的绘画，渐渐厌倦起来。他们觉得这种艺术过于肤浅，过于缺乏情味，过于与人生无关系了！他们正在要求一种更深刻的、更刺激的并且深入人类精神的艺术。

然而世间一般的要求总是迟迟而起的。当世人正在热衷于印象派的客观主义的艺术的时候，欧洲已有几个先觉的艺术家，预知半世纪以后的时代精神，早在那里反对印象派的机械的画法，而标榜主观主义的热情流露的艺术了。然当时世间的凡夫俗子，哪能理解他们的高远的心呢？大家众口同声地非难他们，冷遇他们，展览会不要他们的出品，美术商人拒绝他们的制作。世间都当他们为狂徒，就中尤“狂”的要算梵高。

画家的梵高，一生不曾受得世间一文钱的物质的报酬！要是没有他慈爱的父亲和厚谊的弟弟的理解与保护，十九世纪末的艺坛一定还要经过长期的沉闷，不知哪一天能实现现代的有生命的艺术咧！

荷兰地方一个虔敬的牧师，娶了一个牧师家的女儿为妻。生下一个根器充实的宗教种子，名叫梵高。这儿子外貌庄重，内心深刻。一腔热血，满怀同情，对此沉沦的尘世，从小怀抱牺牲的精神。幼时常钻在大自然的怀里，仰观俯察，心有所感，就如入梦一般地耽入沉思。这都是造成大人格者与大艺术家的预备的工夫。又天生一手巧妙的技能；八岁时候，就显露其绘画的天才。然而穷困的家庭和环境，哪里有力给他专门的教育呢？稍长大后，就非命他出外糊口不可。幸有一个叔父在一所美术商品店内当经理，就带他去做学徒。

《桥》｜梵高｜1862 年 1 月｜津德尔特

这个学徒很奇怪：他欢喜批评店里的名画。而且大家认为名作定价昂贵的时流作品，却都被这学徒看轻。顾客挟了大笔的金钱，上门来购买高贵的名作，这学徒非但不招呼，且用冷眼嘲笑他们。因为他心中已经悟得真正的艺术的妙谛，眼中全然看不起当时流行的所谓“大作”。然而这对于商人是致命伤！

店主怎敢再用这个学徒呢？就打发他回家。

贫乏的家里养不起成丁的儿子！父母谆谆地劝诫了他一番，又托叔父保送他到英国伦敦的一所支店内去。然而他对于伦敦的画界更看不起。非但没有改善他的脾气，反而愈加激烈了。一进店，就和店内的同事不能和合；六个礼拜之后，他同经理先生大起口角。痛骂了一顿，打起铺盖出店。

这回失业之后，没有面目回家去见父母。他就在伦敦找到一个贫民小学的教师的位置。校长穷得很，请来的先生除教书之外，又须挟了账簿，去向学生家族的贫民催索学费。这位先生到任之后，也免不了这差使。他第一次勉强索了一些归来；第二次再去的时候，目睹贫民窟里的种种苦况，心中忍不住悲哀，竟背了空囊回校。校长就免他的职。

幸有贤明的父亲，认识了他的天才。自己力图收入，积省家用，供给儿子的学费，送他入比利时的大学去研究神学。这果然称他的心，然而顾念老父的苦辛，心中又十分不安。他就发愤用功。过度的用功，得了神经错乱的奇疾。常常写满纸的信寄给亲友，又常常一天写两封信给父亲。有时昼夜彷徨在贫民窟中。有时把自己的时表和手套投入教会里的喜舍箱中。又有时热诚地为劳动者说教，看护劳动者的疾病，解衣推食，忘餐废寝，全不顾自己一身的憔悴困顿。虔敬的信徒的父亲得知了这情形，心中深深地嘉许他的牺牲的行为，然而顾虑儿子的健康，又不得不阻止他。就来领他归家。

他的身体虽然离开了贫民窟，而到了父母的家里，他的心中仍是充满着对于苦患者的同情的悲哀。他决心从绘画上发表这一点悲哀。有一天晚上，他乘父母不备，从家中逃出。逃到海牙，他找到了一个画家，就拜他为先生，进他的画室里去学画。这先生原是一个庸俗的画家，哪里有高远的眼识？他对于新来的学生，照例教他练习石膏模型描写。这学生起初还忍耐；摹写了几天之后，对于这机械的工作忽然怀了疑，懊恼起来，他就推翻画架，打破石膏模型，一溜烟逃走了。

父亲终是他的深切的理解者，又是忠诚的保护者，顺他的意志，供给他费用，让他自习绘画。他从此就以自己的热情为师，发愤用功，决心要在画界中打出一条自己的路径，有所感，即有所描。梦想立刻变成实施。一歇工夫画成七幅油画，自己还不满足。为了探求画材，不问路的远近，不顾身体的劳疲。这时候他所描的题材，便是他的宗教心被感动的下层生活——

戴白色帽子的年老农妇 | 梵高 | 1884年

矿夫、劳工、农人的日常。从前他曾经鞠躬尽瘁地为这班人说教、看病、布施，把自己的一身弄得憔悴困顿。这点力到现在并不减却，不过转了一个方向，鞠躬尽瘁地描写他们的辛酸的灵魂。“自己？他人？”从前他一心放弃自己而周全他人；现在他用绘画的手段，表现为他人的服务，这二愿相融和了。

忽然慈爱的父亲死去，失了护星以后的狂画家几乎遭逢了绝路。幸有一个温良的弟弟，在巴黎经商，同父亲一样地理解他，爱护他。他就跟了弟弟到巴黎，在弟弟的保护之下依旧进行他的制作。南方的赤日青天，颇适合他的奔放的热情。从此他视巴黎为第二故乡。看见巴黎的画坛的奄奄无生气，立志欲为法兰西造成文艺复兴的机运。此后二年间产出许多作品，其数目

阿姆斯特丹的开合桥 | 梵高 | 1885 年

集会｜梵高｜1884 年

约占十九世纪法兰西绘画全部的四分之三！热情愈加奔放，画风愈加粗暴。终于嫌巴黎的自然风光的刺激太弱，不足以抽发他的热情，又引领向南，而为太阳的恋人了。

葛乐蒂的磨坊 | 梵高 | 1886 年至 1887 年

情深的弟，体贴天才的兄的心愿，一旦果然送他到地中海边，让他尽量舒展其画才。又源源地供给他的生活费和颜料画布的钱。热狂的画家到了青天碧海的南国，不胜狂喜！赞颂赤

画向日葵的梵高｜高更｜1888 年

日为“太阳王”！视金黄的向日葵为热情的伴侣。南国的大自然处处热烈地欢迎这画家；然而南国的人和北方人一样地冷遇他，没有人注意他的画，更没有人肯出一文钱买他的画。他在世间的知音者只有一个弟，和在巴黎的一二个朋友——其中高更（Gauguin）[①]是他的同志的画友。高更也是个奇矫的狂画家，

① 高更（Paul Gauguin，1848—1903）：原译“果刚”。法国后印象派画家、雕塑家、陶艺家及版画家。

塔希提岛风光 | 高更 | 1892 年

罂粟地 | 梵高 | 1890 年 6 月 | 奥维尔

后来窜走南洋的半开化岛上，过原始人的生活，创作原始人风的绘画。

梵高在南国的炎阳下描写向日葵，狂喜之余，想起了故人高更，寄发热烈的劝诱书，请他来共晨夕。不久高更果然欣然南来。梵高一见，上前拥抱他，拉他同居自己的室中。二人起初很相得。然两个热情的画家同居一室，长久之后不免意见冲突。耶稣圣诞节的晚上，本来有神经错乱之疾的梵高，为了一点细故，拿起酒杯来投在高更的面上，幸而未中。高更见他狂病发作，暂时避开他。不料那狂人手舞剃刀，从后面赶来，意欲行凶。高更急急逃避。狂人乱舞剃刀，割去了自己的耳朵！

他从地上拾起自己的耳朵，用纸包好，拿去送给一家不相识人家。那人家的妇人接了他的纸包，以为是圣诞礼物，打开一看，原来是一只鲜血淋漓的耳朵！吓得几乎晕去。

他就被送入癫狂病疗养院中。数月之后，一时病势减轻，医生许他出病院。他就出外，继续作画，又来巴黎省看望他的爱弟。弟顾虑兄的健康，特托一个美术家兼医师的友人，伴他住在巴黎附近的小村中静养。这友人为他的伴侣兼看护人。梵高写生归来，与这医生谈论艺术，意趣十分投合。有一天，这画家出门写生，久不归来。直到傍晚，方始仓皇地返家，腿上已经中了一粒枪弹！原来这一天带了短枪出门，预备打在自己的肺上，以图自杀。把握不准，误中了腿。然而这一次的自杀未遂，到底是不祥的前兆。他的神经渐渐昏乱，体力渐渐弱虚，过了两日，就诀别了这医生而长逝。

他的一生犹如一团炎炎的火焰，在世间燃烧了三十七年而熄灭。遗留下来的，有连绵创作的许多绘画，犹如一卷活动影戏的底片，历历地记录着其热情的火焰的经过情形。医生和他的弟送了他的殡葬，拿向日葵种在他的坟前。这些花每年向着太阳怒放。见者皆低徊叹息，凭吊这地下的渴慕太阳的画家。

两朵剪下的向日葵｜梵高｜1887 年

第二章　准备时代

Vincent Willem van Gogh

荷兰北部，布拉班特（Brabant）省与比利时交界的地方，有一个古村落，这村落的地点很幽僻，住民也寥寥。就中有一间数百年前的老屋，高大的屋脊，暗绿的格子窗，里面曾经住过累代的家族。现在的主人翁是一个新教牧师。他的夫人也是一个牧师家出身的女子。这清静虔敬的家庭中，于一八五三年三月三十日产生一个男儿，名叫梵高。梵高承受这样血统，生于这样的环境中，天然是一个宗教心坚强的男儿。童年的时候就显露其非凡的品格。有一天，他们的亲友博尔（Bonger）见了这孩子，惊骇地赞道：

“这一定是有深刻的宗教心与单纯的信仰力，而能在到处窥见神意的人！”

梵高幼年的生活，只是亲近田园的自然。这古村落中的植物与动物，每每唤起他的爱情。稍长，他就欢喜研究博物。常常离开父母弟妹，独自赴田野中采集植物，或捕鸟类虫类，归家制成博物标本，用拉丁语写出这等动植物的学名，贴在标本上。

他的性格从小是阴郁的，沉默而寡言笑。他的身材矮短，背脊稍向前屈。头发带红色，额上多皱纹，颜貌古朴。显然是

梵高｜摄于 1866 年

一个富于冥想而内心深刻的人。八岁的时候，有一天他向一个美术家的助手索得一块黏土，拿来塑成一只小象，手法非常精巧，犹如学过雕塑的一样。又有一天看见一只花猫跳上庭中的苹果树，就在纸上描出它的活泼的姿态，笔致非常灵动。然而他这成绩不是技术的产物，乃热情的产物。他向来不习雕塑与绘画，一旦心有所感，形象就会得心应手地产出。他后来成为大画家，然而一生并未受过正式的绘画的基本的教育，他的杰作都是随感而产出的。这是他的生活中的一特点，这特点从小就已显露。

牧羊人｜梵高｜1862 年 10 月｜津德尔特

学校时代过去之后，他依照两亲的意志，投身于实业界中。巴黎有一个古皮尔（Goupil）公司，是贩卖绘画及美术品的。这公司在海牙设一支店。梵高因有一个叔父在那公司中当职司的关系，得入海牙支店中做学徒。所当差使只是送货、提货、整理、保管。这全是没有趣味的事业；然而那店是美术商店，

拄着铲子的男子｜梵高｜1867 年

贩卖一切流派的作品。梵高对于自然美已有赏识的眼力，现在看了这种“自然的再现”的绘画，鉴赏力迅速进步了。他渐渐发现自然与艺术的结合有真实的办法，时人所趋的流派都缺乏这真实性，因此对于时派的毁誉褒贬，渐渐不能表示同意了。他看见富有真实性的作品，常不为人所赞赏，而反为人所轻视，不胜惊奇又慨叹！

不久他被调任到巴黎的总公司。然而对于艺术的真实性的创见，与对于时流的惊叹，使他完全不适于做这商品买卖。他不肯迎合买主的意思，且常常对顾客宣传自己的主张，反对他们的意见。巴黎的人士嫌恶他，称他为“荷兰的乡村儿”。公司的经理通知他的父母，说这少年性质狂妄。倘非有叔父的关系，早已被解雇了。今为周全彼此计，看他的性质或许适合于英吉利，姑且教他调任到伦敦的支店再试。

到了伦敦，仍为顾客所不喜。六个礼拜之后，竟与经理先生大起冲突。这时候他对于商业已经断念，就大胆地痛骂：“商卖是图利。图利是上品的盗窃！”当即完全解职。一方面他写信给父母，述自己的志愿，并谓自当另觅职务，请他们不必悬念。这时候梵高正是二十三岁。

打瞌睡的老妇人（罗普斯摹作）｜梵高｜约 1873 年｜海牙或伦敦

《文森特在伦敦布里克斯顿区海克福德路寄宿的公寓》
梵高 | 1873 年至 1874 年 | 伦敦

伦敦有一个贫乏的牧师，办一座贫民小学，正在聘请助教。失业后的梵高，不能“择地而息”，就应了他的聘请。这学校地在泰晤士河上流。梵高为他们教法语。得了职务后的梵高，心中十分欢喜，写详细的信给父亲，报告学校情形：

“牧师身材高而瘦削。因贫苦的压迫，颜貌古拙，犹如木雕的圣像。他的夫人短小而可怕，眼睛像堇花一样青绿。灰色的旧房屋围绕着花草，收容二十余个寄宿生，年龄大约自十一岁至十七岁。”

就职之后，梵高对于少年的学生们感情很好。下课后他把故乡荷兰的情形讲给他们听：没有山的平原，到处有河流。可爱的玲珑的房屋与市街。少年们听了，把荷兰想象成大人国的玩具一样有趣，大家欢喜听这先生讲话。然而一到正式摇铃上课的时候，梵高就没精打彩地敷衍他的钟点，他对于规则的课业全无兴味。

学生大都是劳工贫民的子弟。学费与寄宿费都要拖欠。校长也是穷人，如何担当得起！向来每到学期终了的时候，校长必然亲自跑遍贫民窟，催缴学费。然而很不容易催到，他不得不用强硬的手段：不缴清者退学，或执行更高度的压迫。现在请到了这位助教，校长就把这索学费的职务完全托助教担任，梵高只得允承。

他挟了伦敦的地图和欠费学生的名单，出门收债去了。第一次收债的成绩尚好，收了许多金钱归校。校长很是满足，奖励他的成绩，说比他自己亲征更获胜利。梵高得校长的褒奖，一时也觉得心慰；然回想索债的情景：褴褛的贫民、皮焦骨折的劳工、苍颜蓬首的病夫、地窖一般的贫民窟，实在足使他惊心动魄！“贫”！“苦”！这惨酷的印象从此深深地酝酿在他的心中，等待发泄的机会。犹如一粒种子落入了泥中，在那里培植，等待春萌的来到了。

牧师见他第一次索债成绩很好，第二学期完结的时候，又派他出去收债。贫民们晓得这位先生又来索债，大家隐迹了。梵高见了这情况，更加感慨。他只在贫民窟中徘徊，感伤了一回，带了空囊和充满悲哀的心而归校。把实情告诉了校长，校长对于他的哀诉置若不闻，但问：

《多德雷赫特附近的磨坊》｜梵高｜1878 年 4 月｜多德雷赫特

“钱呢？钱在哪里？”

立刻解他的教职。一八七六年岁暮，梵高又变成失业者，低头回到父母的家中，更添了父母的失望与忧虑。

幸而不久在一所书籍商店里谋到了一个位置，梵高欣然就任。这是多德雷赫特（Dordrecht）地方有名的一爿书店。店主人收藏着许多贵重的书籍，店员可以自由阅览，梵高得了文学上的修养的机会。然而更牵惹他的注意的，是这古都的风景。立在街头可以遥望河面的行船、对岸的牧场、远处的地平线上的塔影。他的美术心燃烧起来了。但描画的机会还没有来到。

自画像 | 谢弗 | 1839 年

这古都中有一个美术馆，因为前代的荷兰画家谢弗（Scheffer）[1]所创立，就名为“谢弗美术馆”。谢弗是荷兰人，而以法兰西为第二故乡。梵高私淑这画家的艺术，因此常常

① 谢弗（Ary Scheffer，1795—1858）：原译“希弗尔”，出生于多德雷赫特，荷兰画家。

圣徒奥古斯丁和莫妮卡｜谢弗｜1854 年

浮士德和玛格丽特在花园｜谢弗｜1846年

亲近这美术馆，心中希望追步他的后尘。

商业对他愈加疏远了！家境贫乏，画家的念头也一时无从起来。结果幼时的宗教观念占夺了青年梵高的心。得了父母的同意之后，他就告辞了书店，寄居在叔父的家里，准备入大学的神学科。又从一博学的犹太人学拉丁语与希腊语，为顾虑父亲的负担，异常愤勉地用功。几个月之后，竟因用功过度而得了神经错乱的病。每天不绝地写信，写得信纸上没有一块余白；后来竟语无伦次，字体潦乱，令人不堪阅读了。

一到礼拜日，便是他的神秘狂的发泄的时机了。东西奔走六七个教会，又要亲到犹太人的会堂。热狂地祷告、礼拜之后，走出会堂，不顾自身的一切，拿袋里的表投在布施的喜舍箱中，有时又拉下自己的手套，纳入在箱中。他的表上刻着自己的姓名，僧人晓得他有狂疾，把表送还给他的叔父。

他把心中起伏的感想，一一写出在信上，告诉他的父母，为父母的烦忧的根源。没有一天不写家信，有时一天寄两封信。父母又喜又惊，每天在家里等候他的信。有时邮递滞迟，当日送不到，父母就一夜不能安眠。

研究神学一年之后，有一天他忽然看见了基督。就写信给父母，备述他所见的灵异。父母大骇！从此他就舍弃神学的研究，而奉了基督的命令，为福音宣传者了。他在英国的时候，曾经听见许多关于坑夫间的传道的事。又曾读狄更斯[①]的小说，对于其所描写的二六时[②]中的大危险与在黑暗中劳动的人们，深感同情。这时候他誓愿为这等苦民宣传福音，就离开家乡，挺身赴比利时。父母嘉许他的决心，奖励他的计划，为他备了充分的用费，送他上程。

暂时抑止对于美术的憧憬。他要先来一探人类生活的底奥，然后制造用绘画慰藉烦恼的艺术。

到了比利时，寄宿在一家面包店里。面包店的隔壁有一所广大的舞蹈场，常为就地的人民的集会所。这面包店主夫妇和他们三个儿子，常常参加这里的聚会，还有几个坑夫，也常常到会。梵高就利用这机会，在会场中向人说教。他能操法兰西语，与自国语一样纯熟。因此可以自由说教，听众颇感兴味。他的

① 狄更斯（Charles Dickens，1812—1870）：原译“迭更斯”。公认的最伟大的英国小说家，他在世时受大众欢迎的程度超过了以往的任何作家，他的许多作品能够做到雅俗共赏、贵贱皆宜。代表作《大卫·科波菲尔》、《双城记》、《远大前程》。

② 二六时：十二时辰，指整天整夜。

说话很平易，谁也听得懂；态度很热烈，愚夫愚妇都能感动。听众渐次闹热起来。他每天整日地苦口宣教，直到晚上，身心都疲惫了，方始归寓休息。

坑夫们、劳工们都深深地受了他的感动。同样地在夏天的烈日下劳作，今年比去年有生气而愉快得多了。然而他们究竟终日在黑暗、污浊的空气中过度地劳作，心中虽然得了安慰，脸上全无一点红潮，只是憔悴，丑陋老耄。梵高的慨叹又加深了。到了冬天，坑夫之间盛行伤寒的传染病。梵高日夜在一个个的病人的枕畔去慰问、看护，忠诚的心与绵密的注意，比妇人还要周到。又不惜自己的所有物，尽力周济这等病人。实践了基督教徒的全般的慈爱与谦让之后，终于损害了自己的健康。

面包店的主妇，看见他这种热烈的牺牲的行为，十分地感激又惊奇，不得不写信把这种情形告诉他的父母。信中说：

“与普通人全然不同的这位青年先生，已把自己的生活费让给贫人使用了。他自己住在没有家具、没有设备的室中。钱也没有，衣服也没有，所有的物件全部布施给穷人了。现在还在这里日夜不休地为他人劳苦！我也是有儿子的母亲，所以把令郎的情形告诉二位。恐怕二位不知道这种情形，以为令郎安

女矿工运煤｜梵高｜1882 年

居在我的家中。”

老牧师夫妇接到了这封信，相对黯然无语。默默了一会儿，老牧师振作态度，起身说道：

“没有别的方法！明天我去，一定带他回家吧。”

冬雪中的矿工 | 梵高 | 1882 年

他的夫人没有说话，只是握住丈夫的手，默默地伤神。过了不安稳的一夜，第二天一早老牧师就登程，到比利时去探望他的儿子了。

情形果如面包店主妇所报告，老牧师在一间萧条而污秽的小舍中，看见他的儿子穿着破旧的短衫，睡在稻草堆里。因为过度的疲劳，也因为睡眠的不足与生活的穷乏，梵高无力拒绝父亲的命令，二人决定明天归家。动身的前晚，面包店的长男答允代替梵高的职务，当地的人们又为这父子二人开送行的祈祷会。一个饥寒交迫而憔悴了的坑夫，致祈祷辞，许多人倾耳静听。石油灯的惨淡的光投射模糊的人影在白壁上，又在天井里描出异样的形状。许多教徒的颜面上充满了一种不可思议的荣光。这是梵高一生中永远不能忘却的一晚。

第三章 荷兰时代

Vincent Willem van Gogh

簸谷者 | 米勒 | 1848 年

梵高的强烈的宗教心，现在希望托形象而表现了。

他在比利时的时候，已把所见的不能忘怀的情状，用真挚的态度描表为绘画。这是在说教看病的百忙中抽闲画成的，然而已具有真实的表现功夫。作业中的坑夫、小舍前的男子、拾石炭屑的女子……题材类似米勒（Millet）[①]，而盛情比米勒更为激烈。

自从父亲带他从比利时归家之后，他的身体虽然离开了那苦难的群众，然而他们的悲惨的幻象时时显现在他的眼前。“用

---

① 米勒（Jean-François Millet，1814—1875）：原译“米叶”。以农民题材著称的法国画家，年轻时从事过田间劳动，1837 年到巴黎。巴比松派代表人物。

绘画来表现！”这念头崛起在他的胸中。从此他把自己的全身奉献于绘画——其精神完全与从前的奉献于苦难的群众一样热烈。

不但父母亲不欢喜他描画，画布与颜料的钱也没有着落！不得已，他只得向父母哀愿。但在父母看来这不过是浪费。因为他的作画，完全不晓得迎合俗众的心理，完全抛却利害得失的念头，只晓得追求他的“真实”。对于艺术理解力缺乏而手头又不宽裕的双亲，自然不会赞同他这事业。家庭的圆满和爱，从此有了缺陷。终于使梵高不能再留在家中了。

这一年岁暮，有一天他乘父母亲的不备，逃出家庭而去。父母无从探知他的行踪，过了不安枕的几夜。他们猜想他是到伦敦。新年中忽然接到他从海牙寄发的一封信，方知他正在海牙用功研究绘画。

梵高飘然地逃到海牙，投宿于他的从妹的家里。他的妹婿名叫安东·毛沃（Anton Mauve）[①]，是当时有名的画家。

---

① 安东·毛沃（Anton Mauve，1838—1888）：原译“昂东莫夫”。荷兰浪漫主义画家，曾受柯罗和巴比松画派的影响。作品大多是荷兰的风景和农村生活情景。

草地上的乳牛 | 毛沃

清晨骑马，海滩漫步 | 毛沃 | 1876 年

怜梵高身无归宿，留他住在家中，又把画室借给他用。然而毛沃自命为大画家，对于新进的梵高装出师长的权威。梵高虽然没有绘画的专门的素养，然而他对于艺术早有坚韧不拔的信念，这是对于无论何种权威都不能妥协的。他虽然也首肯毛沃的画技，然决不承认对他是师弟的级别。这不是梵高所能久留的地方。

有一天，毛沃在画室中安置一石膏模型，命梵高正确地描写。梵高不耐烦起来，把石膏模型一拳打在地上，坠得粉碎，他就一溜烟逃出画室。毛沃是神经质而易怒的人，哪里能容忍这样的侮辱？从此二人的交情永远破坏。然而在梵高，过后即转成一笑，只当一件滑稽的事件，并不因此而减失对于毛沃的敬意。

从毛沃画室中逃出，暂时栖身在逆旅中。幸而他的弟提奥（Theodorus）①，在巴黎的古皮尔美术商店里，承继了乃兄的职务，寄送一笔金钱给乃兄。梵高用这笔金钱租了一个草草的画室。父亲又按月寄他若干的用费，生活可以勉强维持了。

---

① 提奥（Theodorus van Gogh，1857—1891）：原译“狄奥多”。梵高之弟，巴黎画商。

提奥·梵高像｜梵高｜1887 年 3 月至 4 月｜巴黎

在海伦运河—格拉奇公主岛一角的桥和房子｜梵高｜1884 年

海牙是荷兰最特别的一都市，在全欧中也是最富于原始趣味的地方。那里有一种欧亚混淆的风俗，优美、典雅，呈特殊的外观。又为政权的中心，文化也非常进步。自来有许多画家，留连此地的风物，从它取得许多的画题，有所谓“海牙派”的画派。梵高用他的犀利的眼光，赏识其地的风物，又批判来自

犹太人婚礼 | 伊斯拉埃尔斯

诸画家的艺术。他对于伊斯拉埃尔斯（Israëls）[①]和米勒的制作，感激最深。对于米勒尤富有崇敬之情，因为他与米勒同是用了宗教的敬虔的态度而进于画家的生涯的。他在写给他的知友贝尔纳（Émile Bernard）[②]的信上，屡屡有赞美米勒的话：

“自来描写基督教义最胜的画家，无过于米勒了！”

“《圣书》[③]！《圣书》！米勒从幼年时代就在《圣书》中受教育，除了读《圣书》以外没有别的事。然而他决不描写《圣书》中的题材。”

这是梵高所以崇敬米勒的原由。

---

① 伊斯拉埃尔斯（Jozef Israëls，1824—1911）：原译“伊斯莱尔”。荷兰油画家和铜版画家，人称“荷兰的米勒”，他是描写农民风俗的海牙画派（1870—1890 年盛行于荷兰）的领导人。

② 贝尔纳（Émile Bernard，1868—1941）：原译“裴那尔”。法国画家，常被认为是景泰蓝派的创始人。1886 年创始景泰蓝主义画派的理论。梵高、高更、塞尚都是他的好友。

③《圣书》：即《圣经》。

拾穗者｜米勒｜1857 年

他就创作一幅素描，题名为《悲哀》（*Sorrow*）。画中所描绘的是，一个病弱的女子把脸孔隐在两手中，俯伏在膝上哭泣，枯草一般的黑发垂在她的颈与肩的没有光泽的皮肤上。阳春已到人间，她的脚下有嫩草萌芽着，她的旁边有果树开花着；

然而在她如同不见，只管哭泣、叹息。

这画的模特儿，是一个抚育五个无父的小儿的零丁孤苦的母亲。她每天叩访画家的画室，为他们当模特儿，拿所得的钱来养活六条性命。梵高有一次雇用她，听她诉说了她的长而悲惨的故事，热情的宗教徒兼画家十二分地感动，决意要为她减却一点苦恼。他慷慨地允许这女子，从明天起，由他担负她家六口的生活费。

悲哀 | 梵高 | 1882 年 4 月 | 海牙

父亲所寄赠的钱，本来只够他一人的生活费及研究费。从明天起，他要让一大半给这女子的一家，自己又将陷入像在比利时那样的穷困了。

父亲得知了这消息，亲自来海牙探望儿子的情形。调查之后，知道他已经为了这担负而亏空各方面的债，又欠房租，房东将请他出屋了。就和在比利时一样，带了他一同归家。至于

带白色帽子的农妇｜梵高｜ 1885 年

他所答允担负的六口生活，父亲本是慈悲的人，自己也常在牧师的职务之外尽力周济贫病，对于梵高这行为颇能理解又表同情，也请这女子带了五个儿子一同到他们的家中去过生活。女子坚意辞谢，情愿回到她的模特儿的生涯。

这时候父亲已离开故居，迁居在附近的另一小村中，梵高也同来到这地方。那地方是织工所集居的村落，富有特别的诗趣。有低矮的房屋、宽广的农场、夹道的胡桃树，有质朴的村人、园丁、农夫，他们憧憧来往于其间。再是织工的机杼声，到处像砧杵一般地响着。时有织工们背了大的袋，在村中来往。有时穿过青青的草地，有时沿着金黄色的麦田，傍晚的迷茫的空气中，时有一二个模糊的人影缓缓地移行着。

铲煤工 | 梵高
1879 年 7 月至 8 月 | 奎母

这等在梵高都是美妙的题材。他早晨出门，托附近的木工草草地装几个画框，张了画

捲纱的妇女｜梵高｜1885 年

布，就背了出去写生。每天朝出晚归，没有片刻的休息。为了采择画题，不问路的远近。普通人所欢喜的事物，往往是他的好题材。贫苦的人、拙陋的人，在他反觉得可爱。他能用同他们一样的朴素的调子，和他们攀交，请他们做模特儿。他对于模特儿，不但报酬从丰，遇到小孩子或老人的时候，又备糖果、烟草，亲切地款待他们。

他在家里吃饭的时候，常常坐在室的一角里，把盘子放在膝上，对着日间所描的画，一面端详，一面咀嚼。有时一手捧着盘子，一手翳在眼上，对着画出神。他的心中、眼中，只有画；口中咀嚼的是什么东西？他自己也不知。有时家族的谈话转到了关于文学者问题上，他就兴味津津地参加。他曾经在多德雷赫特的书店内获得文学的知识，而且见解很高。他的论调能使全家的人倾听。

他的画室，设在天主教的僧人的住宅中。一间空阔的大房间，本来是当作祈祷厅的。他作画的习惯，欢喜同时描许多幅作品。这是他的艺术生涯中始终不改的习惯。他在壁上张起各种的画布，木炭画也夹杂在里面。前述的《悲哀》即悬挂在这画室的壁上。他的画室的一角里供着一根古朽的木头。这木头是散步中拾得的。

在这样的生活中，他的作品源源地产出。他所选的题材，第一是劳动者。他对于劳动者一向有好感；从比利时归来以后，这好感更深，疲劳的人、忧愁的人、病苦的人，一直没离开他的脑际。他的初期的作品，大部分是劳动者的生活的深刻的表现。一切上流社会的人物，他都不描。因为他的心一向不被牵引向上流社会的方面。又因为他的经验范围限于下层阶级，对于下层生活的风俗、习惯、气质，都有彻底的理解。他用感同身受的态度来描写他们。不但表现他们的外部的形态而已，同时又描出他们的内部的生命。

这倾向达于顶点的时候，他描出一幅代表的作品，题名曰《食马铃薯的人们》。北方特有的阴暗而污秽的农家的内部，一天的劳动完了之后，男女五个人围着食

食马铃薯的人们 | 梵高 | 1885 年 4 月 | 纽南

桌，啖马铃薯，酬偿他们的一天的辛劳。这可说是他的当时的想法的直接的表现，是他的荷兰时代的代表作品，他的艺术生涯的纪念品。

冬天到了。木叶萧萧地落下，土地渐渐冻结。浓雾笼罩了北方的大地，太阳隔着雾放出迟钝的光，有时完全不见。这萧条而岑寂的自然，对于梵高的奔腾的热情渐渐失却刺激了。梵高就思慕南国。火焰一般的红花、深浓的绿叶、威烈的炎阳，屡屡入他的梦。他就成了太阳的恋人，准备推翻以前所经营的一切悲惨的、阴暗的艺术作风，再来建设新基础。然而时机还未成熟，暂时度过这沉闷的日月。

十年前的回想，又使他的神魂萦绕于巴黎。想起从前在巴黎蹉跎了的日月，心中痛恨得很！他想再赴巴黎，这回到巴黎的时候一定要尽量吸收，一定要在那里用功，开辟新的道路。然而事实不许他这勃发的热望立刻实施！这种梦想往来于他的胸中，使他感到莫大的苦痛。

这时候他一方面不绝地作画。因了焦虑与过度的劳作，招致了失眠症。加之实际生活上所起的烦恼，又时时攻击他的心：他在僧人家中借设的画室，要作别用，不能再借居了。他只得让出，勉强用自己家里本来做盥洗所的地下室为画室。为了这迁移，家庭中又起了种种事故，增加他的烦恼。

十一月末，他胸中计划成熟，就离开这烦恼的家庭，赴安特卫普（Antwerp），去做当时有名的美术学校的学生了。他从前虽然受过毛沃的教导，然为时极短，不久就打碎了他的石膏模型而逃走。此外并未受过正式的技术教养，全是自修的。现在他的计划，是想获得一点美术教养的确实的基础，所以投身于美术学校。然而这计划终于不能长久实行。刚过了年，二月中他的慈爱的父亲忽然患了心脏病，飞函促梵高还家。梵高得了父病的消息，抛弃万事，遄返故乡。

刚赶到病床前，父亲的最后已经迫近了。临终时他呼儿子的名字，对他说这几句最后的话：

“我觉得死比生容易。死虽然苦，但生比死更苦。”

失了慈父后的梵高，又立在人生的歧途上，茫然不知所归了。想起了曾经为他添许多担负与叹息的慈父，和自己将来的前途，悲悼与恐惧交迫，他的肝肠几乎寸断了。

幸而从巴黎归来的弟提奥对于这热情的老兄有深刻的理解与真挚的情谊，就代替了父亲，誓愿为老兄作献身的保护。

父亲的葬事完了之后，梵高在家居留一个月，就辞别乡里，向巴黎出发。从此以巴黎为第二故乡，荷兰地方永远没有他的行踪了。

带红色丝带的女人像｜梵高｜1885 年 12 月｜安特卫普

第四章　巴黎时代

Vincent Willem van Gogh

一八八六年三月，梵高同了他的弟来到巴黎。这弟比他年轻三四岁。比较起过激的神经质的精神能力失却平衡的兄来，这弟是一个极温良沉静而对于一切世故富有理解力的人。兄在实际生活的处理上全无能力，只知随了自己的真实的感情而行动，不解世故人情。弟虽没有像兄的天才，但富于实际的精神，能判断事理轻重，处处以礼待人。兄弟相似的点，只是容貌，及正直的根性。故父亲死后，提奥是家族中最能理解梵高的人。除父亲以外，只有他能认识兄的才能，确信其将来。现在他代替父亲而尽力为兄的保护人了。

他是古皮尔商店的职员，颇富于商业上的才干，久为店主所信赖。且又不像普通的商人般只知图利。除图利以外他又具有对于艺术的彻底的理解力。他能窥察顾客的意向，提供有益的意见；但又不是尊重自己的主张。他能巧妙地劝导顾客，使顾客渐渐容纳他的主张，作为自己的意，而选购有艺术的真价的作品。一方面他又能拿关于绘画及画家的有益的消息报告店主。所以店主仰赖他，托付他重权。远方的顾客，常常托他引导参观巴黎的美术馆。

当时印象派绘画尚未为巴黎人所理解，一般人都用嘲笑的

巴黎的屋顶景观｜梵高｜ 1886 年

通向凡尔塞的大道 | 毕沙罗

洗衣妇 | 德加

态度看待这等新派绘画。提奥以一个商人，却早已认识这等作品，莫奈、毕沙罗（Pissarro）[①]、德加（Degas）[②]等的作品，他早已买入，又开印象派绘画展览会。梵高初到巴黎，蒙了弟

① 毕沙罗（Camille Pissarro，1830—1903）：原译“比沙洛”。法国印象派画家，出生于西印度群岛。十二岁赴巴黎求学，很早就对美术发生兴趣，热衷于新印象主义理论。

② 德加（Edgar Degas，1834—1917）：原译“特茄”、“特格”。法国表现人物动态的绘画大师，善画室内群像，作品题材类似库尔贝派，而色彩则更接近印象派。

该隐的流亡 | 科尔蒙 | 1880 年

的影响，曾经受印象派的迷，埋头于光与色的研究中。以前他在安特卫普美术学校修业仅数月，半途而废。现在，培植美术教养的根基的念头又在他心中复活。他就在巴黎从师研究。师匠是当时巴黎画家科尔蒙（Fernand Cormon）[①] 教授。

梵高在科尔蒙教授的画室中专心用功。然而他不遵守师匠的教训，反而倾听自己内心的声音。同门学侣中有一个还不上二十岁的青年画家，名叫贝尔纳。这人后来是以象征派画家驰

① 科尔蒙（Fernand Cormon，1845—1924）：原译“可尔孟”。法国学院派画家，擅历史题材。

名于世的，当时也在科尔蒙先生的门下。他在画室中看见梵高坐在古代雕刻的石膏模型前面，专心致志地描写。背后一群同学常在那里窥探他、窃笑他。因为梵高这时候已经是三十三岁的中年人，满面赭色的须髯，穿着古朴的服装，一个毫无风采的荷兰人，在一群青年的巴黎画学生中常为嘲笑之的。又因为他的画风自有一种法则以外的正确与真实，在只知法则而别无思想的青年画学生们看来，完全是一个痴人。

贝尔纳不是那样的庸人。只有他能理解梵高，一早敬崇他。后来他对人说："我在科尔蒙先生的画室中与他同学的时候，每天下午，学生散去之后，空阔的画室犹如他的修道院。他坐在石膏的古代雕刻之前，用了天使一般的忍耐，描写美丽的形。他努力研究其轮廓、面、明暗。屡次自己订正，用了热烈的兴味而修改、揩擦。常常在画纸上擦破许多洞。"

科尔蒙先生对他的教授，最初与对一般青年一样。后来看他总是固守自己的法则，且年龄上又是成熟期以后的人，晓得没有法子可以感化他，就听任他走他自己的路。然而梵高在这"学院派的冻巢"中，终于不堪久留，他又退出画室。

巴黎的新的光彩逼迫他的视野，使他把造形界不绝地分

跪着的男性石膏像 | 梵高 | 1886 年春 | 巴黎

解又结合，感到极度的苦恼与欢喜。他就全部放弃了旧日的自己，而开始Reformation（革新）的工作了。荷兰时代已经过去，科尔蒙的画室的冻结的空气已经稍稍化解。从此向着全新的前途，用了异常的努力而跃进。成绩果然可惊！他在这第二故乡研究不到二年，四分之三世纪的近代法兰西绘画，凝集于他的一身了。

他的杰作中，有两幅肖像画，题名为《唐吉老爹①像》（Portrait of Père Tanguy）的，不但是他的代表作品，又是他当时的交游生活的纪念物。最高水平的肖像画，不但描出人物的外部的形似而已，又必表现其人物的内部的感情、情绪与灵魂。因为艺术家能看透其人物的内部生活，而对他发生交感的原故。唐吉老爹的肖像，正是最高水平的肖像画的模范。唐吉的英雄的一生，象征化在梵高的笔法中。

唐吉是一个温厚而真挚的人。长育于下层阶级中，没有特殊的教养；而天赋以豪侠的热情。一八七〇年，普法战争的时候，他正在巴黎开一爿小美术商店，贩卖画布、颜料及各种

---

① 唐吉老爹（Julien Tanguy，昵称Père Tanguy，1825—1894）原译“汤基爷”。法国画商。现存梵高为他画的像三幅，而非两幅。

唐吉老爹像 | 梵高 | 1886 年冬至 1887 年 | 巴黎

关于美术的用品。他的经商方法很精明，一切货物都能比别的商店廉价。因此贫乏的美术家、无名的作家，及初学的美术学生，都集中在他的店里。有时美术家没有钱付账，拿作品抵偿给他，他也容纳，努力给他们售卖作品。这真是贫乏的美术家的护星！

巴黎被围困的时候，豪侠的唐吉也加入了国民军。一八七一年三月，临时革命政府成立，他就向新政府誓愿服务，表示他的热烈的共和主义的精神。不幸这革命政府成立了两个月之后就倒了，唐吉挺身加入市街战，这战争又败北。唐吉与同党人一同被捕入狱。军法会议的预审，宣告他有罪，判定他流刑。

他的旧主顾的美术家们，纪念他的往日的宽大的恩惠，设法为他营救。他们联名请愿，为他向当局陈情。然而这陈情没有左右军法会议的力量！就中有一个搜集家，名叫鲁阿尔（Henri Rouart）[①]的，以前常常向唐吉买画，一向敬重他的为人，现在也出来尽力为他营救。鲁阿尔是一个富翁，又是巴黎第一流的实业家。平生怀抱保守主义的政治思想，少时曾经当过炮兵士

① 鲁阿尔（Henri Rouart，1833—1912）：原译“罗亚尔”。法国企业家、画家、艺术收藏家。

官，现在有许多旧友在军界中做将校。因为他有这种资格与势力，他的恳愿居然动摇了当局的意思，免除了唐吉的流刑。唐吉得以重新回到巴黎的店内。然而一般人都以“革命党”看待他，当时又有勃兴的反动思想，所以他时时遭人们的嫌忌与迫害，过了好几年的不安的生活。在这辛苦的境遇中，他之所以能支撑得住，全靠画家毕沙罗的扶助。毕沙罗是不拘泥于政治上的主义的当时的所谓“新思想家”，他一直记得唐吉以前对他的厚谊，同情他现在的苦境，把自己的作品托他买卖赚利。因为毕沙罗这时候在巴黎美术界颇有名望，作品的销路已经很广了。唐吉靠了这特权，维持了几年的生活。后来毕沙罗又为他介绍塞尚的作品。然塞尚的作品当时受一般人的诽谤，卖不出高的价格。只有他的性格上的几个崇拜者，常常来唐吉的店内，接近塞尚的作品。一八七八年与一八七九年之间，塞尚卜居他处，曾把画室的钥匙交付与唐吉，托他处理残留着的绘画。唐吉把他的作品整理为大幅与小幅两部分，定价大幅一律一百法郎，小幅一律四十法郎，就陈列在塞尚的画室中发卖。然塞尚的画室离开唐吉的店很远，有人要买画的时候，必须唐吉自己陪了主顾跑到那画室中去看选，为此添了不少的麻烦。

樱桃和桃子｜塞尚｜1885 年至 1887 年

唐吉常常竭诚地为不幸的美术家效劳，这不过其一端而已。所以青年的美术家群集于他的店中。有的把作品卖给他，有的向他购求廉价的艺术品，没有一人不满足。因此宣传愈广，美术家和文士们都欢喜和他交际，称呼他为“唐吉老爹”。唐吉的小店居然变了酿成新机运的美术的中心。

革命主义者的唐吉在政治运动上遭逢失败之后，想在美术界中实现其理想。他极度反对拥虚名而恣意专横的官僚美术家，而关心于有将来的希望及独创的才能而苦于境遇的压迫的青年美术家。他是这等青年美术家的保护者，为他们奋斗，又为他们的艺术的爱护者、管理者。他对于把作品寄存在他店里的画家们，称为“一派”。他的意见，这“一派”是现代绘画上唯一无二的新艺术，其余均不足顾。实际上他的确富有眼光：毕沙罗与塞尚，还没有受世间的理解的时候，早已被唐吉老爹所认识，他一早说这俩人是现代的大家，始终对他们表示尊敬。总之，这人对于艺术有明确的信念，比较世间大多数的无定见的批评家，及根据于利害之念而选择作品的凡庸的搜集家，他的确有先见之明。

贝尔纳形容唐吉的家庭，称呼他的店为“燃烧一般的小礼拜堂”（Ardente petite Chapelle）。又说：“这礼拜堂内的老司祭面上常常浮着慈祥的微笑。”他的夫人也是一个好妇人。人们戏称唐吉为“老爹”（Père），也就称这妇人为“妈妈”（Mère）。唐吉老爹和颜悦色地应酬他的客人的时候，唐吉妈妈坐在店的一角里缝纫。她的丈夫不在家的时候，有人来问她要画看，她就起来竭诚地招待。这一对老夫妇在巴黎街上开了

唐吉老爹像｜梵高｜ 1886 年冬至 1887 年｜巴黎

一个女人的肖像（唐吉夫人？）| 梵高 | 1886 年冬至 1887 年 | 巴黎

多年的店，都是为别人忙了，自己的生活始终不如意。

梵高也是这老夫妇家的访问者里的一人。照他这种性格与境遇，当然与这对老夫妇更容易亲昵。上了新道程之后的梵高，访问这人家更可得到许多的启示，因为这店实在是观摩青年作家的新作品的绝好的场所。梵高对他们相识之后，不久就把作品陈列在他们的店内。因了这介绍，他得到了与同样志趣的画家相交接的机会。

梵高和唐吉渐成为知交。梵高十分感激又钦佩唐吉的人格。就为他画肖像，共画了两幅。这两幅肖像画，都能表现出这一个好汉的性格，及其与作家自身的幸福的一致。这两幅画中没有像别的作品中的咄咄逼人的气势，而流露着一种可使观者微笑的、温和的人间情味。

梵高的作品源源地产出。旗亭、工场、街道、花草、静物，都是他的即兴的题材。其中静物画尤能充分发挥其特色。有一次他画一双破皮鞋，歪斜的形状，晦涩的色彩，孤零零的一双破皮鞋，没有别的配景。有时他单描一册黄色的书。有时为火柴、烟管、烟囊写照。日常生活中的一切物件，都可为他的大作的“画因”。这些极平凡的物象，遇到了他的喷涌的想象，都能显现

一双皮鞋 | 梵高 | 1886 年 | 巴黎

圣马迪拉莫街道 | 梵高 | 1888 年 | 巴黎

特异的境地。

这时候他与弟一同住在勒皮克路上一所租屋的三层楼中。

从文森特在勒皮克路的住处眺望巴黎景象｜梵高｜1887 年春｜巴黎

贝尔纳已和他订交，常常去访问他。他的室中陈设，最可注目的是浪漫派绘画的搜集，其次有日本的版画、中国的墨画、米勒的复制版画。家具都是大型的荷兰式的。大的抽斗上结着蓬蓬松松的纽。他自己的素描、油画、略画[1]，都放在这等大抽斗中。

然他们房间很不配作画室。本来他在不拘什么地方都能工作，现在他自己也感到不便，想改租这屋的地下室。后来他有一个科尔蒙先生门下的同学住在附近地方，这人愿把自己的画室借给他。以后他就每天到这朋友的画室中去作画。巴黎时代中所描的室内外绘画，大部分是在那画室中

戴草帽的自画像 | 梵高 | 1887 年夏 | 巴黎

① 略画：指简笔画。

产出的。

出门写生的时候，他的扮装真是古怪！奇特的姿势，不像老人又不像少年的异样的颜貌，背脊上负着巨大的画布，摇摇摆摆地在田野中步行。发现了“画因”（Motif），就放下那巨大的画布，把它划分为数区，热狂地把景物描写在其中的一区中。傍晚回家的时候，这巨大的画布已经全部涂满，没有空白的余地了。

他又屡屡遗弃画布在地上，自己全不介意。他并不想从这等作品获得什么利益，已经描出了，就不顾它。有的时候他画毕了一幅画，就把它遗留在写生的场所，独自归家。

离他的住居不远的地方，有一所廉价的饮食店。店内的主妇名叫塞加托里（Segatori），出身是意大利的模特儿。因与美术接近，自己也欢喜绘画。她常常收罗到她的店内的饮食的贫画家的作品，教他们用作品来代偿钞钱。梵高也常常来光顾她的店，拿画来向她换饭吃。

梵高的作品，当他在世的时候，除了唐吉老爹以外竟没有一个美术商欢迎。连他的弟所供职的古皮尔公司都不要陈列。即使陈列了，顾客看了他那种所谓可怕的（terrible）作品都

坐在铃鼓咖啡馆的阿戈斯蒂娜·塞加托里｜梵高｜1887 年 2 月至 3 月｜巴黎

诗人公园｜梵高｜1888 年

感不快，绝对不要购买。这是他的弟提奥的唯一的慨叹。梵高自己对于世人的冷淡却全不介意。他并不因了俗众的不理解而失望，也不因了商卖的美术界的摈斥而灰心，毕竟他是有实际的精神的根据的。独有唐吉老爹究竟不是庸人，欢迎他的作品。梵高对唐吉老爹交情亲厚，两次为他造像，大概也是有这关系的原故。梵高与高更的认识，也是由唐吉老爹的介绍而来的。

梵高的交游中，友谊特别深切的有两个人，即贝尔纳与高更。高更比他年长五岁，贝尔纳比他年轻十四五岁。他对于高更用事兄的态度，在信函中每不忘却敬语。对于贝尔纳犹如爱弟，关于技术上、生活上的问题，常常对他吐露衷心。

在信函上也称呼他为“我的亲爱的同志贝尔纳”（Mon Cher Copain Bernard）。

高更的生活与梵高相似，也是后来才学画的。他本来是一个手腕很高的商人。后来忽然抛弃职务，把一身奉献于绘画，在贫困饥寒和世俗的嘲笑中度过放浪的生活。他同梵高相继来到巴黎。

梵高（背对镜头者）和贝尔纳，摄于 1886 年

贝尔纳是北方人，从小对于艺术略有兴味，来巴黎在科尔蒙的门下研究，在那里与梵高初见。然实际二人的知交，是在唐吉老爹的店内开始的。这时候贝尔纳与家族一同住在巴黎郊外。他的父亲很盼望儿子成为艺术家，家境也还过得去，然对于儿子的研究似乎很冷淡。一八八八年，贝尔纳企慕高更，到阿旺桥去访问他的时候，曾经徒步登程，在路中卖肖像画，以供路费。

梵高认识了贝尔纳以后，常常到他家里去访问。贝尔纳在家中的庭园里筑着一所木造的画室。他们两个人为唐吉老爹描肖像，就在这画室中。同时梵高又为贝尔纳描肖像。正在描写的时候，贝尔纳的父亲走来，和梵高激烈地争论起来。他叱责梵高，不许他影响他的儿子的将来。梵高立刻舍弃了贝尔纳的肖像，挟了未干的唐吉肖像飞奔出画室而去。以后梵高不再访问贝尔纳之家，改由贝尔纳常到勒皮克路访问梵高。

梵高到巴黎已经两易寒暑，第二次的冬天又到了。连绵的雨雪，沉郁的空气，街头的树木渐渐落叶，终于变成空枝，日光渐渐淡白，严寒笼罩了大地。追求“光与艺术”而来此的梵高，胸中不堪其闷。离开了北国的故乡而来此，原是为了慕光的原故；但现在仍不能充分满足。欲达于最高的艺术的阶级，非深入大自然的怀中去探求更多的光不可。他思慕光，同时又思慕艺术。思慕艺术，同时又思慕太阳！巴黎已为冬所支配，太阳已隐迹了，还有什么可学的地方呢？他就思慕南国。南国是太阳的乡土。

太阳的恋人从此每晚梦见未知的国土。咽着巴黎的寒凝的空气，度过沉闷的日月。这时候他的友人高更已经旅行到南洋的马提尼克岛（Martinique）上。从绀青的海边、椰子的叶荫下传来的消息，几度恼他的胸怀，使他抱嫉妒之感。他一心想到日本去。他想象日本是光与色十全的国土。倘得财政的许可，他当时一定赴日本了。然而他现在是弟的寄食人，靠着弟的助力而生活。哪里来日本旅行的费用？日本旅行的希望变成泡影；然而思慕南国的心始终不能打消，反而更热烈了。

焦灼地度过了一八八七年。

明年二月，有一天晚上贝尔纳来访他。他对他这样说：

“我明日将旅行去了。请你帮助我整理画室，表示你尚在这里思念我的意思，如何？”

于是他把日本版画挂在壁上，把油画搁在画架上，把余多

日本版画：盛开的李花（歌川广重摹作）｜梵高｜1887 年 9 月至 10 月｜巴黎

的画统统叠好。贝尔纳为他整理装裱成卷的中国画。整理完毕，他方然把明日旅行到阿尔（Arles）的话告诉贝尔纳。并且约他将来也到那地方来。

“我们可以设立未来的画室的地方，只有南国！”

夜深，他送贝尔纳到街上，同行了一程路，二人就握手道别。Adieu（别）！—不料这回是永远的 adieu。

第二天早晨，梵高登程。贝尔纳不久也就赴阿旺桥。一个南行，一个西行，两个人各自离去巴黎，从此永远没有再见的日子了。

第五章 南国时代及最后

Vincent Willem van Gogh

一八八八年二月，梵高到了地中海边的阿尔。从阴湿的冬的都会逃出，来到这南国地方，早已是骀荡的春日了。太阳的恋人欢喜之极，不知不觉地叫道：

“这里同日本一样美丽！”

回顾三百里以北的故乡，只觉得一场悲哀旧梦。他就写信给贝尔纳：

“临别时有通信之约，现在我要先告诉你：此地空气的透

阿尔的红色葡萄园 | 梵高 | 1888 年

第五章 南国时代及最后

阿尔的码头工人 | 梵高 | 1888 年

明，与愉快的色彩的效果，无异于日本，真是美丽！水在景色中，犹如我们在‘锦绘’（Nishiki-e）中所见，作美丽的绿玉色，及丰丽的青色的浓翳。淡的橙黄的落日照在地面，映出青色。壮丽的金黄色的太阳！——然而我还没有见过此地的最美丽的夏景。女子的服装很美观。尤其是在星期日，可以看见非常简素的、美好的色彩的配合。到了夏天，这地方也一定更美。”

不久夏天到了。他写给贝尔纳的信上这样说：

“我在这里比在北方健康得多。我在正午的烈日之下，也在麦田中工作。像蝉一般地欢喜它。唉！我悔不早十年，二十五岁的时候来这地方！——那时候我只晓得欢喜灰色，或

穿白衣的女孩 | 梵高 | 1890 年

阿尔的女士们 | 梵高 | 1888 年

阿尔附近的小路｜梵高｜1888 年

竟是无色。……”

他在灼灼的太阳之下，一刻也不休息地描画。偶然遇到事情而不能工作的时候，他就觉得非常苦痛。凡有太阳的时候，他的画笔未尝停顿。晚间，或天气不佳，而太阳不出的日子，他就利用这时候写信给远方的朋友——弟提奥、知友贝尔纳，报告他的制作的经过、计划、技巧上的问题，以及关于自然、

阿尔花园小径 | 梵高 | 1888 年

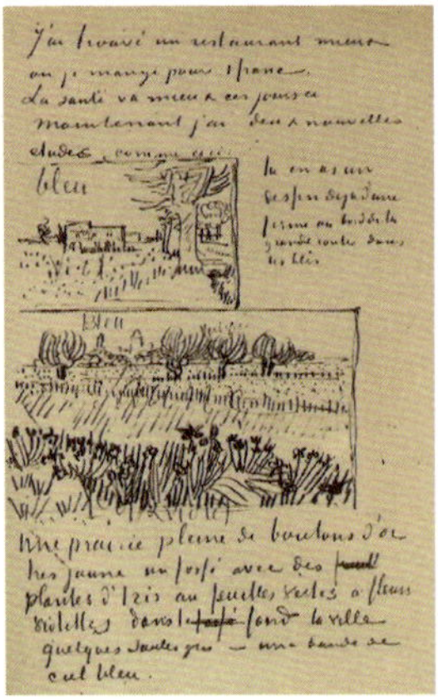

梵高于1888年5月12日致提奥的信

人生、艺术的感想及信念。有时把日常生活中的琐末的事故都详细地报告他们。作品与书简，一样能发泄他胸中的郁结的感情。

夏日的阿尔，每天赤日行空，没有纤云的遮翳。生于北方的梵高身体上当然感到苦痛与疲劳。然而日出的期间，他从不留在家里，总是到城外的全无树影的郊野中，神魂恍惚地埋头于制作。他呼太阳为“王”！制作中反把帽子脱去，以表示对太阳王的渴慕。

“啊，美丽的盛夏的太阳！使我的头脑震栗！人们都说我发狂，其实在我何尝是发狂？”

梵高在阿尔的太阳下，是“以火向火”，不久将要把他烧尽了。

他初到阿尔的时候，借宿在一所饮食店内。每天付宿食费五法郎。不久又节约生活，减少为每月四法郎。这数月在现在看来真是极微，然而在三四十年前的当时，又在他的不如意的

麦田里的收割者 | 梵高 | 1889 年

境遇之下，是很不容易的事了。他常常在给贝尔纳的信上愁穷。

他在这饮食店内滞留约数月之后，觉得生活费超过预算太多了，写给弟的信上有这样的话：

“只是费用增大，而画全无可观。这是我的悲哀！”

然而他并不失望，因为有极美的自然展开在他的眼前。他对着这南国的自然，每被蛊惑，从此不愿离开此地而回到巴黎去。信中又有这样的话：

“久留在南方，我相信早晚必有成功的一天。我正在接触此地的新景象而研究它们。幸而身体健康，想不致有失望的结果。我因种种理由，想在这里找一所隐居的房屋。”

到阿尔后两个月，果然在市郊找到了一间空屋。这屋傍着街道，前面有蓬蓬的草地，地点接近铁路，火车的声音时时飘入窗中。其屋共两间，左方是一所食料商店，右方便是他所租赁的屋，租金每月十五法郎。然进屋之后，就遭逢意外的不幸！有一次月底付账的时候，他忽然发现自己的钱袋被人偷去了。不得已，拿所有品向房主作抵。结果负了一笔债。他写信报告他的弟：“旅人在此地，真要被绞出血！”

隐居处已经确定，他就欣然从事制作。关于这房屋的事，他曾写许多信报告弟和贝尔纳，有时在信中加描说明的插图。

生活常是拮据。这不但是贫乏的原故；根本上是由于他不会处理现实生活，没有冷静的判断所致。他只知信任自己的善，直道而行，不知顾虑他人。然而周围的事情绝不像他所想的那样简单！

弟提奥这时候已经娶妻，有家室了。然其对于兄的爱，并不因此而减却；反而愈加理解兄的才能，又同情于世间对他的冷遇了。他们生一个儿子，袭用兄的名字，也唤作文森特（Vincent），这是表示对于兄的敬爱的。原来提奥的结婚，并非其自己的意志，乃因兄梵高的劝告而成。梵高看见弟为了他自己而牺牲了全部的幸福，心中十分不安。因此劝他结婚，让他享家庭之乐。他又希望提奥把对于他的爱全部移向其妻，希望弟的家庭完全无缺。幸而弟结婚后夫妇和睦，可使老兄放心。

然而世事不会这样简单解决。弟的爱兄之心不会减少，兄也仍须仰仗弟的助力。欲贯彻自己对于艺术的信念，势非把弟牺牲不可！他努力想解决这矛盾，然而矛盾愈结愈深。结果他只有承认自己的无能，除了懊恼以外没有别的办法。自从到了阿尔之后，这懊恼愈加多了。

弟结婚后生活的担负加重了。梵高欲节约弟所寄来的金钱，舍弃这隐居所，改租了一间租金较廉的房屋。为求房屋的雅观，

他把墙壁粉饰了一下，又添置了一些家具。猛然想起了制作的费用，他又懊悔这种浪费！他写信告诉他的弟：“钱已经全部耗费在画与房屋上了！”此后弟每月寄来的金额，总是不到次月早已用完。有时付不出房租，有时连一个钱也没有，四日间只用数片面包和二十几杯咖啡支持生活，而且面包钱是赊欠的。

“白天非有食物不可，晚上只要吃些面包已够了。”这话可怜得很！

他住在阿尔的期间，本地的住民对他全然没有温厚的待遇，反而以敌意对待他，所以他完全是一个孤独者。阿尔地方没有一个人认识他，他们见他像陨石一般地落到这地方，样子又十分古怪，赭色的髭与发，奇特的服装，他们把这北方

夕阳下的播种者 | 梵高 | 1888 年

来的异邦人视作一个劳动者。那地方又没有画家，没有懂得美术的人。没有人为他说明、介绍，也难怪阿尔的住民不能理解他。

从历史上看来，其实阿尔不是一向不知异邦人，一向没有美术家来到的地方。这原是富于名胜古迹的游览地，近来时有美国人、英国人巡礼到这地方。美术家及巡礼者常在这地方驻足。只因其街中缺少真能理解美术的人，又因像梵高那样人品古怪而画风热狂的艺术家，古来绝少其例，他们从来没有见过，当然不能理解他。他们看他的人如同一个谜，称他所描的画为“戏画”[①]。农夫们都不肯给他当模特儿，嫌他描得太丑陋。

然而后来他也认识了几个土人。有时他们也肯受他的微薄的报酬，为他做模特儿。他也全靠这几个人聊慰孤独。然这也不过是在他的寂寥的生涯上偶然添一笔淡淡的色彩而已。

“颜面，颜面，我欢喜画颜面。从婴儿以至苏格拉底，从黑发白肤的少女的颜面，以至太阳炙焦的红砖瓦一般的颜面，及黄发的老妪的颜面。这等二足动物（人）的习作，在我觉得刺激很强。”

① 戏画（Caricature）：指漫画。

鲁林婴儿画像 | 梵高 | 1888 年

农夫肖像 | 梵高 | 1888 年

他这时最欢喜描人。蔑视王侯、贵族、哲人、圣者、淑女、农夫、劳工的一切阶级，即从各种人类的颜面上写出其灵魂的秘密。这强大的希望，在上面的数语中吐露着。

他在阿尔所描的人物中，手法最圆浑、趣致最高远的，是

佐阿夫部队少尉米列像 | 梵高 | 1888 年 9 月 | 阿尔

邮差鲁林（Roulin）及阿拉伯步兵[①]少尉米列（Milliet）的肖像。

① 阿拉伯步兵：应为佐阿夫兵，是法国的一种轻步兵，原主要由阿尔及利亚的阿拉伯人组成，一八三九年的大规模叛变事件后，改由法国人组成。

邮差 | 梵高 | 1889 年

摇篮曲｜梵高｜1889 年 1 月｜阿尔

他请这两个人做模特儿，描出了几幅杰作。米列少尉是有绘画趣味的人，是他第二次移居后所认识的。这少尉为他装姿势做模特儿，其报酬是请梵高教他素描。但这人不久就离开阿尔，与梵高的交际不久就告终。

梵高与邮差鲁林的关系，较为深长，他住在阿尔时始终与这邮差来往，从而认识了他的家族，邮差的夫人也常供他做模特儿，描出杰作。有名的《摇篮曲》，就是请这邮差夫人为模特儿而描出的。

阿尔的夜间咖啡座（纪诺夫人）| 高更 | 1888 年

阿尔之女：看书的纪诺夫人｜梵高｜1888 年 11 月或 1889 年 5 月｜阿尔

还有一个妇人名叫纪诺（Ginoux）的，也曾供他做模特儿，描出几幅有名的《阿尔之女》。纪诺的丈夫在火车站旁边开一所咖啡店。梵高在这咖啡店内认识邮差鲁林，因鲁林的介绍而与这妇人相识，又请她做模特儿。

他在阿尔认识的人，只有这几个。

阿尔的自然款待他，阿尔的住民却冷遇他。他的事业渐次进步，他的生活依然孤独。时时遥念巴黎的亲友：弟、贝尔纳、高更，写几通绵密的长信付邮，以慰自己的寂寥。又在信中怂恿他们的南游。

高更于去年年底从西印度的马提尼克岛回巴黎，不久又赴阿旺桥。贝尔纳徒步追从他，在途中卖肖像画度生活，就是这时候的事。赶到了阿旺桥，高更又因特别事情，不能招待他。他只得赴拉芒什海峡岸边，在那里刻苦制作，过了完全孤独的四个月[①]。以巴黎为中心的三个知友一时离散，一在西，一在北，一在南。这是与梵高的意志完全相反的。

因为梵高在给贝尔纳的信中，常常说起他一早怀抱着画家

① 此段疑与史料较有出入。一八八八年五月左右，贝尔纳在拉芒什海峡边度过三个月，八月到阿旺桥，与高更一起创作。

的“共同生活”（la vie en commun de peintres）及“协同制作”（collaboration）的主张。对于前者他说：“欲免除画家的物质生活的困难，希望画家们能协同一致，互相保护物质的生活，互相亲爱，必可使各人增进幸福，处处可以减少无意义的徒劳与浪费。”对于后者他说：“我所谓‘协同制作’并不是两个或数个画家共作一事的意义。乃在各异的作品上有相互的密切的关系，互相补足的意思。”他举初期意大利、初期德意志及荷兰诸派的艺术家的协同团体为证例，一直论到印象派。约言之，他的意思是希望信念与思想相同、技术的根柢相通的画家们，大家共同生活，一方面可以免除物质的胁迫的苦痛，其他方面对于艺术上的难处，协力当然比独力容易解决。

他把这主张告诉他的在艺术上与人品上均最敬爱的高更与贝尔纳，渴望和他们一同实现这计划。他在阿尔物色房屋，计划设备，劝他们来游，以实现他的共同生活的梦想。

他们三个人交换自画像。贝尔纳与高更的二幅先寄出，同时达到梵高的手中。贝尔纳的自画像中，背后描着悬在壁上的高更的肖像。高更的自画像中，背后也描着悬在壁上的贝尔纳的肖像。梵高看了之后，满心欢喜；同时共同生活的梦想愈加急于实现了。高更这时候刚刚病愈，肖像中形容十分憔悴，更使梵高悬念。他就写信给弟提奥：

“我曾经为高更着想。倘高更来此，他的旅费以及必须

自画像（献给高更）| 梵高
1888 年 9 月 | 阿尔

带高更肖像的自画像 | 贝尔纳
1888 年

带贝尔纳肖像的自画像 | 高更
1888 年

文森特在阿尔的房子（黄房子）｜梵高｜1888 年 9 月｜阿尔
高更于 1888 年 10 月来到黄房子，与梵高同住

置备的寝床、被褥……其钱可由我支付，我要同他共同生活……”

提奥很能体谅兄的意思，就去劝诱高更动身。不久梵高的感谢的信又寄到：

“高更已有信给我。他说，收到了你的内附 × × 法郎的信，心中非常感激……”

高更有一天果然来到阿尔了。梵高正在郊外描写秋风中的白杨。他乡逢知己，相见拥抱，欢喜无极！梵高所梦寐不忘的幸福的“共同生活”，如今可以实现了！

他就迎高更到自己的小屋里。只有另一个青年的知己不在眼前，使这欢会蒙上一层灰色，此外一切都成遂他的希望了。二人都是卓拔的才能的所有者，一同委身于艺术，向着最高的目标而竞逐前进，其幸福可想而知。高更全部精神沉浸在共同的劳作中，梵高尤为眩惑于这幸福。谁知这幸福状态只有朝露的生命，转瞬之间将化为幻影了。

高更来到阿尔不久，就写一封信寄给独留在阿旺桥的青年的知友，使他读了心痛得很。信中含有这样的一节：

“梵高和我意见不合，在绘画上尤甚。他所崇拜的人，都德（Daudet）[①]、杜比尼（Daubigny）[②]，及西奥多·卢梭（Théodore Rousseau）[③]，都是我所不能钦佩的。而对于我所尊敬的人，安格尔（Ingres）[④]、拉斐尔（Raphael）[⑤]、德加，他都反对。他说很欢喜我的画；然我描写的时候，他又说这里不好，那里不好。他是浪漫派的人，而我是倾向于原始（Primitive）派的方面的……"

他们两个人到底不能用同一精神而合作。美丽的梦先已崩

① 都德（Alphonse Daudet，1840—1897）：原译"道特"。法国现实主义小说家，他的作品主要以其富于幽默感和描绘法国南方风土人物的人情味而为人所不忘。高更原文如此，有人认为此处指法国画家杜米埃（Honoré Daumier）。

② 杜比尼（Charles-François Daubigny，1817—1878）：原译"独皮尼"、"道俾尼"。法国风景画家，以经过精确分析的色彩运用和描绘自然光为追求目标，对十九世纪晚期的印象派画家产生过很大影响。高更原信在"多比尼"后尚有"泽姆"（Ziem），法国巴比松派画家。

③ 西奥多·卢梭（Théodore Rousseau，1812—1867）：原译"大卢骚"。法国巴比松派画家。风景画家的领袖，以直接观察自然的方法去开辟风景画领域的重要人物。

④ 安格尔（Jean-Auguste-Dominique Ingres，1780—1867）：法国新古典主义画家，画风线条工整，轮廓确切，色彩明晰，构图严谨，对以后不同风格的艺术家如德加、雷诺阿、毕加索等人的绘画发展都有影响。

⑤ 拉斐尔（Raffaello Sanzio da Urbino，简称 Raphael，1483—1520）：原译"拉费尔"。意大利文艺复兴鼎盛期的绘画和建筑大师。以他所绘的多幅圣母像以及在罗马梵蒂冈中巨大人物画作品最为知名。"文艺复兴三杰"之一。

瓦兹河畔 | 杜比尼 | 1872 年

枫丹白露森林 | 卢梭 | 1839 年

雅典学院 | 拉斐尔 | 1511 年

穆瓦泰谢尔夫人画像 | 安格尔

文森特的椅子和烟斗 | 梵高
1888 年 12 月 | 阿尔

高更的椅子 | 梵高
1888 年 12 月 | 阿尔

高更（戴红色贝雷帽的男子）｜梵高｜ 1888 年 12 月｜阿尔

坏了一角。

且在日常生活的琐事细故上，二人的意见也全然不一致。有时主张相冲突，有时意见不两立。朝夕同在一块生活，冤仇愈结愈深。到了不能再继续同居的时候，梵高的神经错乱的旧病突然发作，演出了一场悲剧而闭幕。从前的梦想就完全破坏。

两个人冲突的主要原因，在于一个是过激的、热狂的、南方人一般的荷兰人；一个是冷静的、严格的、意志的、北方人一般的法兰西人。一切破坏由于二人的相反的性格的固执与冲突而来。梵高是一个能屈能伸的好汉，感情发作的时候用狂暴的手段，然而不久又立刻反省，复旧。高更的性格就与他不同，他是共和党的新闻记者的儿子，具有遗传的市民观念。无论何种灵异的熏染，不能摇动他的意志。他是一个自觉的艺术家又是一个聪明的鉴赏家。为了把持自己的善，他对于自己以外的事全不顾虑。他的本质是一个彻底的利己主义者。所以这两个人要共同生活，协力艺术，完全是妄想。一旦被热烈的感情拉拢在一块，其间当然容易酿成危机。

梵高从前研究神学的时候，曾经有过一次发狂状态。加之

阿尔的舞厅—梵高—1888年12月—阿尔
画中一些技法得自高更的画作《宣誓》

近来过度劳作，智力紧张，变成极端的神经质，精神能力偏于一个角度了。到了阿尔之后，劳作更甚。常常自朝至晚整日作画，有时夜间也继续工作。不但描画，又热衷于写信。然而他的肉体本来羸弱，不能胜任精神的驱使。其精神与肉体常常不绝地抗争，以致内外两力失却均衡，招致了破灭的危机。

这一年的岁暮，基督降诞节前后，有一晚梵高与高更到一所咖啡店内饮酒。不知争论什么事故，谈话激烈起来。争执中梵高拿起玻璃杯，朝高更脸上猛力掷来。幸而高更躲避得快，没有受伤。高更原是冷静的人，晓得他的狂病发作，不再和他争论。这一晚默默地过去。

次日早晨，梵高向高更谢罪：

“昨天晚上我很对你不起！”

高更晓得他的狂病发作，燥动一定不止一回，不能再与他同居了。就写信把情形告诉他的弟提奥，一方面准备回巴黎。

这一天傍晚，他正在户外散步，听见背后有足音，回头看时，只见梵高手中拿着剃头刀，向他杀来。高更立停不动，怒目向梵高注视。梵高的来势被这眼光吓退，收了剃刀，回头就走。

这第二次的袭击，使高更一刻也难再留了。但他在阿尔没有别的朋友家可以投宿，今晚再同那狂人一同过夜，实在无论如何也不敢了。他就决定赴旅馆投宿；但想起了那犯了狂病的可怜的友人，又想回家去看他一看。逡巡了一回，终于自己赴旅馆而去。这时候在高更心中，顾虑自己的安全的心比关念朋友的疾病的心更强了。

归家后的梵高完全癫狂了。他心中只想杀高更，拿了剃刀在庭中乱舞，不知失手或故意，自己割下了自己的一只耳朵。血不绝地迸出，他用自己的手掌按住，又用浸水的海绵揩拭创口，用毛巾从颊下围到头顶，把创口抑制住。然后拾起地上的耳朵，用纸包好，拿了这纸包出门飞奔而去。

一直奔到街上，在路旁一家人家门口立停了脚，就敲门。一个妇人出来开门，他把纸包递给她：

“喏！”

这一天恰好是基督降诞节，那妇人以为是圣诞节的礼物：

“谢谢你！”

接受了他手中的纸包。回到里面，打开一看，原来是一只鲜血淋漓的人耳朵！妇人吓倒在床上。家里的人就去报告警察。梵高送掉了耳朵之后，似乎已经完成了这一次出门的使命，一

第五章 南国时代及最后

文森特在阿尔的卧室｜梵高｜ 1888 年 10 月｜阿尔

径返家。把家门紧紧地闩好，倒在床上昏睡了。

避居在旅馆里的高更全然不晓得这晚上的事。次日朝晨，他走出旅馆门，悄悄地向“共同生活”的家中走来，想来一探梵高的情状。到了那里，但见许多人拥挤在门口。他心中十分惊奇，就从人群中挨身进去。突然一个刑事官拍他的肩，叫道：

“嘿！你杀了你的朋友？”

高更这时候也不能冷静，直跳起来对他辩解，说明他昨天晚上宿在旅馆中，全然不晓得这回事。他想要同众人到室内去察看，然而门里面闩好，无从启入。群众中有一个设法把门打开，大家一拥而进。看见地上许多血迹，刑事官愈加怀疑，紧紧地拉住高更的右臂，拉到梵高的寝床前。床上躺着一个男子，背向着天。出血过度，陷入昏睡。刑事官一看，疑问道：

“已经死了么？”

高更十分沉着地说道：

“请救治他一下看看！”

大家扶起梵高来，设法救治。梵高渐渐苏醒。

究明了原由之后，受伤的画家被护送往本地的病院，高更犹如从一个恶梦中惊醒，立刻向巴黎出发了。以后这两个朋友只是交换几回书简，更没有相见的日子了。

高更向巴黎出发，梵高的弟提奥从巴黎赶来。他已经得到了可怕的消息，抛弃了一切事务，仓皇地来到阿尔。看见老兄气息奄奄地躺在病院的一室中，不禁万感交集，抚胸悲恸。暂时居留在病院中，昼夜用心为他看护。然而巴黎的店务不许他长久请假。梵高的病状免脱危险状态以后，他就叮嘱恳托了病院的医师雷伊（Dr. Rey），自己匆匆返回巴黎。雷伊医生感动于他们的兄弟的情缘，忠心地为梵高看护。

梵高赖有弟的爱与医师的保护，病体渐渐复原。身体虽然因过度的出血而衰弱了些，但顽固的狂气不会发作了。静静地回想那晚上的事，心中十分悲伤。他自己也不懂得为什么而要做那样的事。

身体恢复健康以后，他写信给弟提奥，有这样的话：

“倘然没有你的友情，我一定早已自杀了。虽然我是甚像

费利克斯·雷伊医生像 | 梵高 | 1889年1月 | 阿尔

瓶中的十五朵向日葵｜梵高｜1889年1月｜阿尔

怯弱的人，这事我颇敢为……”

这时候常常来访他，慰他的寂寥的，只有新教牧师萨勒(Salles)和不忘前日的厚谊而报他以满腔的热情的老邮差鲁林。

这一年就是这样过去。

明年一月，病状全消，他得了退院的许可，就迁回“共同生活”的旧家。归来一看，只是窗户破坏了些，画室中蒙上了一层灰尘，此外一切皆依旧。这情景蓦然使他想起了故人高更和那天晚上的事，又不堪其痛恨！幸而这些都是过去的事，回不去的过去的事了……又写信给弟：

“旧居的情状使我怆然。不但这个灰尘蓬勃的画室使我感伤，每幅的习作都成了诱起回忆的忌物。”

不久市人又在谣传，说他又将发狂了。因为他的身体比之前更衰弱，感情比之前更昂奋，又不免时有狂暴的举动，惹起邻人的恐怖。自己割脱耳朵一事，在这狭小的市中盛传为一件稀奇的话柄。一区内的住民推举代表，向阿尔市长要求说，这样危险的人物，绝不可以全无监视人而听其自由行动。市长为顾全公众的安全，商请梵高转居病院中，梵高只得再进病院。

这事在他并不感到为难，他在雷伊医生的温和的保护之下，依旧可以创作。这时候他又描一幅自画像，头上绑着绷带，口中衔着他的终生的伴侣的烟斗，题名为《割去耳朵的人》。

在阿尔的病院中居留了几个月，身体还安全。然而他心中常常恐怖，似乎觉得狂病时时会发作。这是他整个人生中最悲哀的一段时期。这时期中的作品都少泼辣之趣，而带凄怆的色调。他自己觉得不能在阿尔再留了。即使他自己欢喜再留，阿尔的住民一定绝对不许他自由行动了。未曾自弃，已被他人所弃了。然而他终是恋恋于这寂寥的余生，所为的只是一个情深的弟。他总想再把自己的灵的火焰在艺术中发挥一次；同时又希望身心恢复健康，以安慰爱弟的心。这两个愿望一时融合在他的心中，成了强烈的希望。他为了这希望猛然奋起，定要完全解放他自己的身心。第一步，住处的不安非先根本除去不可。

因此他自己生出了迁居圣雷米（St. Rémy）的心思。由牧师萨勒引导了，他拖着残废的身体离开阿尔，正是一八八九年年五月，骄阳笼罩着这南方的古都，绿树的浓荫投影在碎破的铺石上的时候。

阿尔东北五里，山脉间有一个小邑，名叫圣雷米。住民约

耳朵绑着绷带叼烟斗的自画像 | 梵高 | 1889 年 1 月 | 阿尔

六千余。其历史很古，富有罗马遗迹，曾为天文学者诺斯特拉达穆斯（Nostradamus）[①] 的乡土，近来又为法国大作曲者古诺（Gounod）[②] 的神兴的摇篮地。

邑的附近，暗绿的橄榄田的中央，有一个古僧院的遗址，现已改造为疗养院，收容神经病患者及癫狂病者。患者常从很远的地方到这里来疗养。

梵高的入院手续，一概由弟提奥在巴黎办妥，复由牧师萨勒介绍，来进这疗养院。疗病是他的第一心愿。对于医师与看护者的忠告，他绝对服从，一意欲先把病根除去。二个月之后，果然完全平静了。狂病发作的恐怖不再来威吓他的心，像夏日的骤雨的黑云一般地消失，只留一片极淡薄的影迹了。他从此想开始创作。院长佩龙（Dr.Peyron）对他有很厚的同情；院中的医师都佩服他的艺术的才能，对他怀着好感。他在这温情的看护之下，又在这清爽的自然之中，得了身体的健康，欣然

① 诺斯特拉达穆斯（Nostradamus，1503—1566）：原译“诺斯德拉达姆斯”。法国占星学家、医学家、预言家，约于 1547 年开始说预言，1555 年出版预言集，题为《世纪连绵》。

② 古诺（Charles Gounod，1818—1893）：原译“顾诺”。法国作曲家，尤以其歌剧著称，其中最著名的是《浮士德》，曾在圣雷米创作歌剧《米雷叶》。

圣保罗医院走廊｜梵高｜1889 年 5 月

鸢尾花 | 梵高 | 1889 年 5 月 | 圣雷米

梧桐树群｜梵高｜1889 年

地从事他的创作了。

最初还在严重的监视之下，不准出病院一步，他就在病院内部找寻画题。庭园、病室，或请一个看护人做模特儿，而作素描或彩画。然而这等平凡的主题（Motif）到底不能满足他的贪婪的创作欲。不得已，他就在这境况之下从事特种的创作：托弟向巴黎选买几幅版画、锦绘、照相，及平生所敬爱的大家

圣雷米的白杨树群 | 梵高 | 1889 年

的杰作的复制品。把它们挂在壁上，当作自然事象，而用彩笔摹写。比病院里的平淡的题材稍为有趣。

他的身体日渐康健，全无一点危险的征候，病院里的人就信任他，许他自由出入了。圣雷米的山地的自然，与阿尔的平地的自然完全异趣。澄明的天空，紫色的岩壁，光芒万丈的白云，从溪谷间移行于丘上的赭土，其间点缀着银灰色的橄榄林、麦圃，间或长着野生的红罂粟。梵高对此自然，极口赞美，称为一生中所见过的最庄重的景色。《橄榄林》、《溪谷》，便是那时候的两幅代表作。他的生活又归于均衡与安定了。

外生活虽已均衡而安定，然他的心中仍有深刻的悲哀在那里侵蚀。犯了暴厉的病，在昏迷中过了百余日，又被置在孤独的场所，恐自身已为世间的亲友所遗忘，他的心中常常疑惧。想起了自己的身世，圣雷米的壮丽的自然对他忽呈暗淡悲哀的色彩了。他又写信，写许多热烈的诉情的信，分寄巴黎的亲友。

一八九〇年一月，梵高在圣雷米的时候，巴黎的杂志《法国水星》（*Mercure de France*）的创刊号上披露一篇赞美他的绘画的论文，内中有这样的话：

“灿然的青玉与蓝玉嵌成的天空，地狱一般的热灼而腐烂

橄榄林 | 梵高 | 1889 年 6 月 | 圣雷米

溪谷 | 梵高 | 1889 年 10 月 | 圣雷米

的天空，熔金喷出一般的天空，其中悬着火轮一般的旭日。”

全文颇为跃动、热热的，在当时美术批评界中可谓放一异彩。梵高的艺术因此可以唤起了许多人的注意。他的名字被介绍于世间，这是第一次。当时又有“独立艺术家协会”接受他的作品，为他展览。然而认识他的艺术的，只有这《法国水星》杂志和独立艺术家展览会。而且他们的话没有感动画坛全体的能力，反而惹起了多数不理解者的嘲骂。

梵高对于社会产生了一线的希望，又想念恩深的弟，想迁居巴黎了。是年四月末，得了疗养院的许可，他就来到巴黎。提奥见了恢复健康而出院的老兄，心中自是欢喜。然而他观察老兄的身体，终觉得未曾完全恢复旧状，不宜久居在这骚乱而多刺激的巴黎地方。他想找寻

有农夫的原野 | 梵高 | 1889 年

星月夜｜梵高｜1889 年 6 月｜圣雷米

一所清静的地方，以供奉老兄的生活。

离巴黎北方约七里，有一个小村，名奥维尔，地点在瓦兹河的沿岸。位置很幽静，风景也很好。提奥找到了这地方，就劝请老兄到那里去休养。梵高接纳了弟的劝告，即日迁居奥维尔村。

这小村向来是画家们所屡屡访问的地方。梵高所崇敬的画家杜比尼曾在此地卜居，有庭园住宅遗留着。塞尚也曾居留在这村中。塞尚的友人加谢（Dr.Gachet）①，是一个医师兼美术家的人，一向住在这地方，曾经招待塞尚。提奥和加谢交情很深。他就把老兄交托这医师兼美术家的朋友照护，这是最妥善最可放心的办法。

梵高到了这村中，有美术家兼医师的加谢做他的伴侣兼看护人，又有周围的自然慰安他的心目，心中颇觉安适。加谢对于梵高的艺术，有深的理解与尊敬，时时为他谈论艺术，慰他的寂寥。

时值春晚夏初，景物富丽悦目，天气又和暖舒适。梵高的

① 加谢（Paul Gachet，1828—1909）：原译“格显”。法国自然疗法医师、业余画家、艺术收藏家。

加谢医生像 | 梵高 | 1890 年 6 月 | 奥维尔

奥维尔的麦田和白房子｜梵高｜1890年｜奥维尔

创作欲为幸福的生活所诱，又每日出门写生。一遇见好的画材，立刻在其场所立起画架，脱下帽子，在太阳中专心一志地描写。直到盛夏，炎阳当头的时候，他仍是这样继续制作。有一个夏夜，

奥维尔的瓦兹河 | 梵高 | 1890 年 | 奥维尔

加谢来和他谈话，闻得他衣服上有野花的香气，晓得他白天一定在荒野中写生，又查闻他在炎日之下不戴帽子，深知这种生活对于他的健康上大有损害，就苦口忠告他。然而多年的习惯，

奥维尔的街道及阶梯 | 梵高 | 1890 年

一时不能改变。他的头发为太阳所晒焦，次第脱落，露出焦黄色的头皮。有时他空手散步于田野中，偶然发现了题材，就怀了这画兴跑回寓中，拿起笔来在墙壁上、桌子上，不拘什么地方涂抹，描出胸中所感的印象。寓中的主人对于他这种行为很不满意，然又体谅他的热情而落拓的画家的习气，就买些图画纸送给他，劝他勿描在壁上及桌子上。

这时期中他的作风比较温雅。阿尔时代及圣雷米时代的叙事诗的悲壮，次第消失，而渐渐归于从前的抒情诗的端丽了。这时代的作品富于温厚的人生情味，不像巴黎时代的焦燥，又不是阿尔及圣雷米时代的噩梦。从前的激昂之感，到此一变而为脉脉的哀愁。这哀愁是从

茅草屋｜梵高｜1890 年

心的最深处出发的。

为自然的魅力所诱惑，把全身供制作欲的驱使，全然不顾到疲劳与困乏的来袭。他的过于羸弱的肉体，渐渐不能支持他的过于强烈的意志了。那灵感往往容易逸去，使他心神焦虑。又往往一幅未了，立刻续作他幅。尽量地使用他的感情与身体。病魔的再次袭来又逼近了。

精神昏迷与发狂，原是他所忧惧的，然而希望心身的稳静

天空下的柏树｜梵高｜1890 年

第五章

南国时代

及最后

杜比尼的花园｜梵高｜ 1890 年 7 月
（可能是梵高的最后一幅油画）

而徒然消费其光阴，在他又是莫大的苦痛！较量的结果，他情愿服从衷心的欲求，委身于不绝的制作。然委身于不绝的制作，在他又是一切破灭、一切灾害的唯一的原因。进退两难的时候，他又深感矛盾的苦恼了。

欲完成自己的本来的使命，将使他的爱弟及亲友们增加多少的苦痛！想起了对他有绝对的信仰与牺牲的行为的爱弟，觉得自己在现实生活上全然是一个无能力者，又不禁为自己悲伤。欲图自己的艺术的进步以慰爱弟的心，结果是增加弟的负担。然除此以外又没有别的方法可以安慰弟的心。这种烦闷默默地抑制在他心中，到了无可再抑制的时候，不免冲口而出。“我曾经偿了金钱，还是偿了灵魂？”

结果，病的全愈，创作的进步，爱弟的慰安，这三种希望在他心中同样热烈，而在实际上常常龃龉，不能并立。无论如何不能解决这矛盾的时候，他猛然忆起父亲的遗言：

“死比生容易……生比死更苦。”

到奥维尔村两个月之后，他突然自杀。

七月末有一个天气晴爽的朝晨，梵高准备外出写生，携了画布、画箱、画架等出门。直到正午不归来。寓所的主人曾经受医师加谢的嘱托，晓得这画家有病，平日十分留意照顾他。这一天探望了好几次，不见他归寓，很不放心。他平日的习惯，朝晨出门写生，正午必然归寓，吃了饭，换了画布，下午再出门。这一天正午不见归来，一定有意外发生，寓中的人大家为他耽心。到了下午三时过后，方始见他仓皇地归来，身体已负伤，衣上染着血迹。寓中的人们惊骇之余问他什么原由，他老实回答：

"……我想自杀。"

为欲脱却一切矛盾而向往十全调和的生活，他竟采取了这自杀的手段。昏迷从前曾经袭击他过一次，但现在是他自己有意与世界诀别。他睁开眼睛的时候，看见太阳已经西倾，自己的身体倒卧在暑气蒸腾的荒野中。勉强从地上爬起，蹒跚地归到自己的寓所中。寓所主人飞奔地往街中告诉加谢医生，加谢医生立刻赶到自杀者的身旁。调查他的伤处，始知他是自己用手枪向肺部发射，手腕把握不准，误中了股部。救济手术完了之后，梵高的身心渐渐宁静。加谢问他为什么拿了手枪，他只是耸肩，一句话也不答，回头找求他的烟斗。

诚实的医师与热情的画家就在窗下对坐，开始谈论艺

原野｜梵高｜1890年

术……夜到了。

弟提奥得了加谢的电报，立刻从巴黎出发。他在火车中不绝地自问自答："恐怕不及再见了？""总来得及。"

野玫瑰 | 梵高 | 1890 年

夜晚的白房子 | 梵高 | 1890 年

幸而还可看见兄的生面。他在兄身旁护侍了最后的两天。其最后一天，他用种种温和的话安慰兄的心，说他自己对于无论何事都不辞辛劳，且不苦痛，但求兄的病愈。兄只是微笑，回答他一句话：

“La tristesse durera toujours（悲哀将永远继续了）！”

不久容态急变，画家的眼闭了。悲哀的地上的旅行已经完结，他的灵魂归到天上去了。

这是一八九〇年七月二十九日的事。

贝尔纳等几个友人从巴黎赶到画家的灵前。灵柩用许多花——死者所特别爱好的向日葵花尤多——装饰了，停置在他生前当作画室的旅舍的一角中。个个亲友顺次来向这绝大的殉教者的亡骸道别。有一个人独自默默地坐在房间的角落里，便是弟提奥。他被几个日夜的劳瘁与过度的悲哀所困，气力已经穷尽，对于友人的慰藉的话语，如同不闻一样了。不久灵柩由许多人护送，出旅舍而去。

日色黯淡无光，空中没有一丝纤云。画家的柩车由几个美术家扶着，悄然地向野外前进，后面跟随着一群村人。行至村外，

文森特·梵高的葬礼 | 贝尔纳 | 1893 年

就到了墓地。灵柩从柩车上扶下，推入墓穴中。潮湿的泥土发出一种凄凉的味道，提奥突然晕倒在地上。似乎听见了亡兄在幽冥的墓底里呼他的声音。

向日葵一株，由画家的最后的知友又诚恳的看护者加谢医生手植在墓畔。后人来此凭吊这热狂画家的亡灵，看见这向日葵依然倾向着太阳，开着灼灼的巨花。

提奥殡葬了亡兄的遗骸回到巴黎，心中怏怏不乐。数月之后，竟全部丧失了其健康与理性，由其妻扶归故乡荷兰。归乡

瓶中的十二朵向日葵 | 梵高 | 1889 年 1 月 | 阿尔

不久，即追随了老兄赴地下。时在 一八九一年一月，即梵高殁后六个月。

后记一：梵高

有“火焰的画家”之称的梵高，与后述的高更同是后期印象派的元首塞尚的两胁侍。他是因主观燃烧而发狂自杀的艺术家，现代艺术白热期的代表。梵高一八五三年生于荷兰。他是一个牧师的儿子。他的血管中混着德意志人的血，又为宗教家的儿子，这等都是决定他命运的原由。起初他因为欢喜绘画，到巴黎来做商店的店员，然而他生来是热情的人，不宜于这等职务，常常被人驱逐，生活不得安宁。后来曾经到英国，当过基督教方面的教师，然而不久就弃职归来。又到比利时去做传道师，做了两三年也就罢职，终于一八八一年回到父母的家乡。这二十余年间的生活，使他受了种种的世间苦的教训。他有时在炭坑中或工场中向民众说教，有时在神前虔敬地祈祷。他的本性中有热情燃烧着，又为从这热情发散出来的热烈的梦幻所驱迫，他对民众说教的时候，就选用绘画为手段。“只有艺术可以表现自己，只有艺术能对民众宣传真理！”为这感情所驱，他就猛然地向“艺术”突进。他一向认定艺术不是从人生上游离的，而是人生的血与热所迸出的结晶，所以他不把艺术当作憧憬的、陶醉的娱乐物，而视为自己心中的燃烧的火焰。他回到家乡之后，万事不管，只顾继续绘画，把那地方的一切事物都描写出来。在他看来，绘画的表现与殉教者的说教同样性质。以后他走出故乡，漫游各地，过放浪的生活。一八八六年，重来巴黎，与毕沙罗、修拉等相交游，从毕沙罗处受得线与色的影响，又从修拉处受得强明的线条排列的技巧的暗示。他的可怕的狂风一般的生涯从此开始。他最热衷于绘画的时期在一八八七年至一八八九年之间，在这段时期，他差不多每星期要产出四幅油画作品。然而那时候他的精神已变成发狂的状态，常常狂饮、长啸，感情迸发的时候，任情在画布上涂抹。其代表作《向日葵》，是一八八八年十二月，到法兰西南部阿尔的时候所作的，他的狂热的心中，满满地吸收着太阳的光；看见了这好比宇宙回旋似的眩目的大黄花，他灼热的心鼓动了起来，火焰似的爆发出来的，便是这作品。试看这幅画，非常激烈可怕，几乎使看者也要发狂！

这一年的秋天，他所敬爱的高更来拜访他。梵高一见了高更，非常欢迎，就邀他同居，自此以后，他的狂病日渐增加。有一晚，梵高忽然拿了一把剃刀，向高更杀来，高更连忙逃避，幸免于难；梵高乱舞剃刀，割去了自己的耳朵，自此以后，他们两个人就永远分别。梵高于第二年到阿尔附近的圣雷米地方养病，不见效果，一八九〇年，仍旧回到巴黎。他的弟弟为他担心，让他移居到巴黎北方的一个幽美的小村中。这地方很静僻，画家柯罗、杜米埃、毕沙罗、塞尚等都曾经在这里住过。但梵高终于在那一年的夏天，用手枪自杀，误中腿部，一时不死，在医院过了几天，于八月一日气绝。

梵高的作品，最知名的是前述的几幅《向日葵》，他是太阳渴慕者，向日葵是他的象征。所以现在他的墓地上，遍植着向日葵。《自画像》也是他有名的作品。他的绘画作品的特色，是主观的燃烧。塞尚曾经把对象主观化；到了梵高，则仅乎使对象主观化，使对象降服于主观，已不能满足，他竟要拿主观来烧尽对象。烧尽对象，就是烧尽他自己。所以他自己的生命的火，在不到五十岁时就与对象一同烧尽了。

后记二：再现的艺术与表现的艺术

印象派使视觉从传统路径上解放，而开拓了新的色彩观照的路径。但他们所开拓的，只是以事物在肉眼中的反应为根据的路径，而把心眼闲却了。换言之，他们以为自然仅能反应于视觉，而尚不能反应于个性。

印象派画家当然也具有个性，故也在无意识之间用个性来解释自然，或用热情来爱抚光与空气，结果也能作出超越写实的个性的幻影。故所谓“外面的”、“内里的”或“肉眼的”、“心里的”，都是程度深浅的问题，并非截然相反的差别。实际上虽然如此，但论到其根本的原理，印象派及新印象派（即点画派）的态度，是在追求如何可以完全再现太阳光，不是在追求如何依自己的个性处理太阳的光，即他们是在追求再现光与空气共通的法则。所以极端地说起来，倘若有许多印象派画家在同一时刻描绘同一场所的景色，许多作品会看上去很相似。这事在实际上虽然不曾有，但至少理论的推论是必然如此的。故最近的立体派画家曾评印象派及新印象派，为“外面的写实主义”，就是因为这原故。他们以为印象派看重视觉而闲却头脑，新印象派则更加看重视觉。所以对于印象派所开拓的路径，现在要求其再向内里深刻一点，适应这要求的画家，一般被称为“后期印象派”画家。

研究怎样把太阳的光最完全地表现在画面上，不外乎是“再现”的境地。所谓再现的境地，就是说作品的价值是相对的。印象派作品的价值，是拿画面的色调效果来同太阳光的效果相比较，视其相近或相远而决定，即所描绘的事物与所描绘的结果处于相对的地位。

反之，不问所描绘的事物与所描绘的结果相像不相像，而把以某外界事物为基础而生于个人心中的感情直接描绘出，则作品价值视作者情感而决定，同外界事物是否相像没有关系，即所描绘出的“结果”是脱离所描绘事物而独立的一个实在。作者的个人情感生发出的新的创造，这是绝对的境地，这时候的描画，是“表现”。

“表现”的绘画，不是与外界的真理相比较从而决定其价值的。梵高所描绘的向日葵，是随着梵高的心绪波动，以向日葵这种外界存在物为基础而呈现的一种新的创造物。故其画不是向日葵的摹写再现，乃是向日葵加上梵高个性而生长出来的新实在。故表现的艺术，不是“生”的摹写，乃是与“生”同等价值的。

故所谓“表现派”、“表现主义”画家意义很广，不仅指后期印象派的诸人而已，德国新画家蒙克爱德华·蒙克[①]，俄国的构成派画家康定斯基以及最近诸新画派画家都包含在内。立体派等在其主张上也明明就是表现派的一种。

世人称为后期印象派的是指从印象的路径更深进于内里的人们，即法国的塞尚、高更、荷兰的梵高等。他们虽然被归入后期印象派的一“派”中，然而因为这名称原是个性自由表现的意思，故在他们的艺术上，除同为“表现的”以外，别无何种共通点。

塞尚的艺术是对于“形”的新觉悟。印象派与新印象派专

---

① 爱德华（Edvard Munch，1863—1944）：挪威著名油画家和版画家，二十世纪表现主义艺术的先驱，作品有《病娃》、《母亲之死》等。

心于把色当作光来描绘，其结果就是创作出渺茫的光波的画面而无立体的感觉。塞尚立志发现空间的立体感的神秘，这神秘绝不能仅由视觉的写实而触知，须用明敏的心的感应性与智慧的综合性相结合才能表现。至于他的成熟时期的作品，立体感一语已不足以形容，其景色简直是以空间的某一点为中心而生的韵律，具体表现为他对于宇宙的谐调与旋律的明敏的感应。他说："一切自然，皆须当作球体、圆锥体及圆筒体而研究。"意思就是说，我们对于一切风景，应该当作球体、圆锥体等抽象形体的律动的谐和组织而观照，而在其中感知宇宙的谐调与旋律。照这看法，自然界一切事物就不复是"光"的舞蹈，而是形的韵律构成了。

塞尚充满静寂的熟虑的观照，梵高则富于热情，比较狂暴、激动，梵高的暴风雨似的冲动，有的时候竟使他没有执笔的片刻时间，而是把颜料从管中榨出来直接涂在画布上。他的画便是他的异常紧张热烈的情感。麦田、桥、天空，同他心里的狂暴的情感一齐像波浪起伏。但有的时候，他又感到像刚从恶热中醒来的病人似的不可思议而稳静的感情，而玩弄装饰的美，例如其《向日葵》便可使人想象这样的画境。

高更是向往泛神论的“文明人”，他具有文明人的敏感，而欲逃避文明的都会的技巧的虚伪。因为他敏感，使得他对于技巧的虚伪所遮掩着的“不自然”不能平然无所感，他追求赤裸裸地曝在白日之下而全无一点不自然与虚伪的纯真。于是他就在一八九一年离开巴黎，远渡到南洋的塔希提岛上，在这岛上半开化的社会中探求快乐适意的境地，一八九三年回到巴黎。文豪斯特林堡曾经说：“住在高更伊甸园中的夏娃，不是我所想象的夏娃。”高更对于他的话这样辩答：“你所谓文明，在我觉得是病的。我的蛮人主义恢复了我的健康。你的开明思想所生的夏娃，使我嫌恶。只有我所描绘的夏娃，我们所描绘的夏娃，能在我们面前赤裸裸地站出来。你的夏娃倘若露出赤裸裸的自然的姿态来，必定是丑恶的、可耻的，如果是美丽的，她的美丽定是苦痛与罪恶的源泉……”于是高更又离开巴黎，到南洋岛上原始的自然中，娶一土人女子为妻，度过原始的一生。他虽然在这境地中达成了他所谓的“赤裸裸的自然的状态”，但仍能见到美的魅力——更增大的美的魅力。

高更具有敏感性，他在印象派的艺术中也能看出文明社会的技巧的不自然，所以他所追求的是更自由、更朴素的画境，结果他的画有着单纯性与永远性。因为已经洗净一切技巧的属性，而在极度的单纯中表现形状，在极度的纯真中表现感情。他的画中所表现的塔希提土人女子的表情，不是一时的心理的发表，乃是永远无穷的人类的感伤。在那里没有人工的粉饰与火花，只有原始的永远的闲寂。

图书在版编目（CIP）数据

丰子恺写梵高 / 丰子恺编著 . -- 上海：上海译文出版社，2021.3

ISBN 978-7-5327-8656-5

Ⅰ . ①丰… Ⅱ . ①丰… Ⅲ . ①梵高（Van Gogh, Vincent 1853-1890) — 人物研究 Ⅳ . ① K835.635.72

中国版本图书馆 CIP 数据核字（2021）第 002065 号

丰子恺写梵高

丰子恺 / 编著

责任编辑：衷雅琴

装帧设计：观止堂_未氓

上海译文出版社有限公司出版、发行

网址：www.yiwen.com.cn

上海福建中路193号（200001）

上海雅昌艺术印刷有限公司印刷

开本890×1240 1/32 印张 5.75 插页 4 字数 37,000

2021年3月第1版 2021年3月第1次印刷

印数：0,001-6,200册

ISBN 978-7-5327-8656-5/K · 284

定价：65.00元